Viemos do Oriente

Indígenas rumo ao respeito e à nova "terra sem males"

Cacildo Marques

Desenho de capa: Cacildo Marques, mostrando fotos de Touro
Sentado e de uma jovem quíchua do Equador

Marques, Cacildo
Viemos do Oriente/ Cacildo Marques. São Paulo,
2018.

133p.
     ISBN: **978-1791324384**

1. Grupos Sociais. 2. Grupos Indígenas. I. Title

CDD 306.089

Viemos do Oriente

Cacildo Marques

ÍNDICE

	Prefácio	viii
1	Aparências enganam gravemente	1
2	Especiação darwiniana	8
3	Nosso legado	12
4	Desenvolvimento pré-colombiano	15
5	O Planalto de Piratininga	25
6	As Reduções	27
7	A Guerra Guaranítica	35
8	Batalhas no norte	45
9	Voltando aos meridionais	74
10	Conclusão	105

Prefácio à edição em português

Escrevi este livro um pouco para advogar em causa própria, já que sou neto de um indígena da tribo kiriri, mas devo lembrar que também descendo de semitas, negros, franceses e portugueses, pelo menos. Meu avô materno foi surrupiado da floresta aos dois anos, e minha mãe não teve como aprender com ele nada referente à vida da tribo, pois a própria língua tupi lhe foi apagada da memória. Há pesquisas mostrando que 94% dos brasileiros descendemos de indígenas, número que deve ser próximo ao de toda a América Latina, portanto, por interesse próprio, a quase totalidade dos latinos do Novo Mundo deveria abraçar a causa dos nativos.

É claro que gente de uma etnia pode engajar-se na luta por outra etnia, como etíopes por eslavos, esquimós por pigmeus africanos, ciganos por celtas. Mas quando o sangue próximo corre nas próprias veias a entrega certamente é mais definitiva.

Os argumentos deste livro, no entanto, não são instrumentos para elevação dos povos nativos apenas, mas ferramentas para melhoria do estilo de vida de todos os povos americanos. Pelo menos assim espero.

Tutelar ou emancipar? Se o indígena sabe falar a língua do europeu – ibérica ou anglófona -, mas não recebeu instrução primária nem tem emprego, mantendo-se em seu *modus vivendi*, extrativista ou de agricultura de subsistência, quando não de artesanato pouco rentável, emancipá-lo é jogá-lo às feras. Primeiro, fornecer condições.

Não busco aqui culpar os governos pelo que não fizeram até hoje, ou pelo que fizeram de errado, pois a dicotomia entre o que queremos e o que não queremos está muito mais alicerçada no par saber-ignorar que no embate bom-mau. Os governos que temos, mormente os latino-americanos, não produzem o atoleiro apenas para a população, mas também para si próprios. Se sei um pouco e o leitor sabe outro pouco, ambos podemos contribuir para aumentar o conhecimento dos dirigentes.

Ao maniqueísmo que opõe monoteístas a idólatras, judeus a gentios, cristãos a pagãos, jacobinos a girondinos, católicos a protestantes, negros a brancos, socialistas a individualistas e liberais a conservadores, devemos contrapor o binômio Esclarecido X Néscio. O que há de vantagem nesta visão é que basta instruir bem o mal-informado para que ele se transforme em esclarecido. Não está implícito que a tarefa é fácil e rápida, pois pode demandar esforço hercúleo e durar décadas e mais décadas.

Por exemplo, não se deve ter ilusão de que com palavras adequadas e exemplos apropriados vamos eliminar o preconceito de cor na mente de pessoas adultas petrificadas. Preparar as crianças contra preconceitos é algo fácil, mas aos adultos é mais prático ensinar que se comportem como pessoas civilizadas, dominando a manifestação de sentimentos inconvenientes, que tirar deles esses sentimentos antissociais. Assim, entre duas pessoas igualmente melanofóbicas na arquibancada de um estádio de futebol, sentadas lado a lado, pode acontecer de uma delas extravasar aos gritos seus sentimentos baixos enquanto a outra se mantém em sua fleuma, sem deixar transparecer nenhum "racismo". A primeira é detida pela polícia e a segunda vai para casa tranquilamente no fim do jogo. A diferença entre as duas é que a primeira, ao contrário da segunda, não recebeu treinamento civilizatório para conter seus impulsos prejudiciais.

Tudo o que foi dito acima desenha um panorama da dificuldade que a tese do livro encontrará. Mas não desisto de alertar e tentar fazer a mensagem alcançar a quem de direito. Com base nas ideias de Roger Bacon, Pierre d'Ailly publicou em 1410, dois anos antes de ser nomeado cardeal, sua obra *Imago Mundi*, na qual garantia que se alguém partisse da Península Ibérica rumo ao Ocidente, chegaria à Índia. Cristóvão Colombo leu o livro e saiu em busca de financiamento para sua viagem de 1492 (Clegg, Brian. *The First Scientist – A life of Roger Bacon*, Carrol & Graf Publishers, NY, 2003). Como se sabe, a verdade não estava toda lá, já que o autor não contava com a América no meio do caminho, embora o fundamento da esfericidade da Terra estivesse correto. Mas é assim que as coisas funcionam, se tiverem de funcionar. E não foi pequena a sorte de Colombo, pois, pela direção tomada, se não tivesse encontrado a América, sua esquadra teria sucumbido uns quatro meses depois de partir, perdida no Oceano Pacífico.

Cacildo Marques, maio de 2018.

Viemos do Oriente

Cacildo Marques

1. Aparências enganam gravemente

Chegando à América os europeus nos encontraram nus ou seminus. Isso estampava ideia de liberdade e simplicidade para uns, mas de pobreza e ignorância para outros, que certamente eram a maioria.

Não nos viram como os asiáticos do Extremo Oriente que somos, mas como indianos perdidos.

Olhando-se atentamente, qualquer um percebe que nossa aparência está muito mais próxima daquela dos chineses, coreanos, vietnamitas, indonésios, filipinos e japoneses que daquela dos indianos. O motivo da confusão que os europeus fizeram no fim do século XV é algo claro para a psicologia dos dias atuais: foram influenciados pela própria expectativa. Eles saíram da Europa com o objetivo de encontrar novo caminho para as Índias, uma vez que os muçulmanos tinham tomado Constantinopla em 1453 e dominado a passagem tradicional pelo Mar Mediterrâneo.

Se tivessem encontrado populações de tez branca, gente caucasiana, teriam achado que deram a volta para chegar de novo à Europa. Se tivessem encontrado gente de pele negra, teriam achado que estavam em alguma ilha da África. Como o que encontraram foi gente cuja pele tem cor intermediária, entre branca e negra, e o que estavam procurando eram indianos, não tiveram grandes dúvidas: tinham alcançado algum ponto perdido das Índias. Aqueles homens na praia eram certamente indianos, isto é, eram índios. Essa foi a leitura que fizeram e ela prevaleceu por cinco séculos.

Que nosso fenótipo é mais próximo dos indivíduos do Extremo Oriente que dos indianos é fato notório hoje. Dois episódios ocorridos no Brasil ilustram isso. Num deles, um fazendeiro japonês do Estado de Mato Grosso tinha uma rusga com um ex-empregado, lá para o final do século XX. Certo dia, esse ex-empregado assassinou um indígena na região. Na delegacia de polícia explicou porque matou o nativo: olhando de longe, imaginou que fosse o japonês, que era seu inimigo.

O segundo caso aconteceu na cidade de São Paulo. A diretora de elenco dos filmes Tainá I e Tainá II, que se passam na Amazônia tendo como heroína uma criança indígena, Tainá, trouxe a atriz principal da história, Eunice Baía, de família indígena paraense, para morar com ela em São Paulo, onde ela encaminharia a adolescente nos estudos e incentivaria o progresso na carreira artística. Certa vez estava num restaurante com a menina e encontrou-se com uma velha conhecida. O comentário da amiga: "Caramba! Eu não sabia que você tinha uma filha japonesa!"

Ocupação. Como se povoou o leste da América?

Nativos das Américas em geral são mais parecidos com os filipinos que com japoneses e chineses. Os que mais se aproximam dos japoneses são os quíchuas, do Peru e do Equador, e seus parentes brasileiros, os tupis e os guaranis. O fato de nós brasileiros termos aparência próxima à dos quíchuas, não à dos aimarás da Bolívia, por exemplo, é um ponto a favor da tese do General Couto de Magalhães, no livro O Selvagem, segundo a qual os nativos do noroeste da América do Sul subiram os Andes e desceram no sentido leste, para povoar a Amazônia e o litoral de Pindorama, hoje Brasil, dedução que ele fez a partir de uma canção tupi que diz: "Vamos rumar para o leste, e conquistar a terra das palmeiras". Terra das palmeiras é Pindorama, em tupi.

Se os astecas, incas e remanescentes das cidades maias mostravam algum progresso civilizatório, o restante de nós estava ainda em estágio pré-agrícola, apresentando avanço apenas no artesanato, com argila, madeira, palha e pedra, ao lado de eficientes técnicas de caça e pesca.

Américo. Que importante descoberta Américo Vespúcio fez em 1499?

Em 1960 foram encontrados restos de casas construídas pelos víquingues noruegueses no nordeste do Canadá. Chegaram em torno do ano 1000, mas não viram vantagem em colonizar a região e povoá-la com sua gente, ou não tinham contingente para a empreitada, como aconteceu com os portugueses no século XVI, que circundaram a Austrália e foram em frente, por falta de colonos para ali deixar. Depois dos noruegueses veio o italiano de Gênova,

Cristóvão Colombo, auxiliado financeiramente pela coroa espanhola, aportando nas Bahamas em 1492.

Assim como o fidalgo português, artífice do *Tratado de Tordesilhas*, Duarte Pacheco Pereira, que em 1498 costeou o Brasil julgando estar em ilhas do Velho Mundo, Colombo não sabia que tinha descoberto para os europeus um novo continente, fora da Europa, da África e do Subcontinente Indiano. Quem chegou à conclusão de que as novas terras estavam em continente distinto foi outro italiano, seu amigo e colaborador, Américo Vespúcio, que também trabalhava para as coroas ibéricas. Navegou pela costa da Venezuela em 1499, descobrindo oficialmente a foz do Rio Amazonas. Em 1501 empreendeu nova viagem, desta vez fazendo parte da expedição comandada pelo navegador português Gonçalo Coelho. Aportou em Pernambuco e velejou para o sul em seguida, explorando a Bahia, Cabo Frio, a Baía de Guanabara, o estuário do Rio da Prata e a costa da Patagônia. Em 1507 o pesquisador alemão Martin Waldsemuller publicou em Paris um relato dessas viagens ("Quatuor Americi Vesputii Navigationes"), usando pela primeira vez a palavra América para se referir ao novo continente. Assim, desde 1507, nós do Novo Mundo somos todos americanos.

Capacidade. Por que nos viram como inferiores?

Se tivéssemos sido vistos como asiáticos do Extremo Oriente, teríamos sido associados ao poderio da dinastia Yuan, iniciada por Kublai Khan, neto de Gêngis Khan, cuja descendência dominou quase todo o Velho Mundo, chegando ao Iraque e à Síria, nos séculos imediatamente precedentes ao das descobertas marítimas. Teríamos sido vistos como gente capaz, de ciência e de poder, não como povos inferiores esperando por tutela.

O paradigma se estendeu pelos cinco séculos restantes do milênio, de modo que quando as pseudoteorias de raças humanas surgiram no século XIX não fomos incluídos na "raça amarela", como seria esperado: criaram a quarta raça para nos classificar, a raça vermelha. É que desde a chegada dos ingleses à América do Norte foi dado o apelido de peles vermelhas aos nativos.

Desamparo. Estávamos em condições de nos equiparar aos europeus?

As cidades de Tenochtitlan (Cidade do México) e Cusco, esses núcleos avançados das Américas, representavam dois pontos fora da curva na imensidão de áreas de um continente maior que a África. Em todo o restante do território estávamos desamparados, sem roupa, sem armas poderosas e sem anticorpos contra moléstias trazidas pelos europeus.

Os generais das tribos dos Estados Unidos eram valentes guerreiros, mas lutaram em vão na defesa das terras que usavam, pois a vantagem em contingente anulava-se ante a tecnologia superior dos ingleses.

Não só a posse de tecnologia superior animava os colonos contra os nativos. O incentivo maior era o fato de acharem que o povo de pele vermelha era um tipo inferior de pessoa, que não merecia ter acesso à cultura do Velho Mundo, e nem mesmo seria capaz de absorvê-la. Tudo isso teria sido muito diferente se todos os imigrantes europeus tivessem visto a nós como os parentes que somos dos chineses, não como um tipo completamente exótico de indiano desgarrado.

Não é que indiano devesse ter sido visto na época das descobertas como gente inferior aos asiáticos do Extremo Oriente. O problema é que essa era a realidade. Viam um povo de cultura antiquíssima atrasado em relação às novas técnicas de navegação e de guerra. Portugueses estabeleciam colônias em diversas áreas da Índia e tinham pretensão de dominar todo o território, não conseguindo tal façanha por falta de contingente. Mais tarde vieram os ingleses e colonizaram o país, incluindo as áreas vizinhas que formam Bangladesh, o Paquistão e a terra de Buda, o Nepal. Respeitaram apenas algumas colônias portuguesas, como Goa, Damão e Diu.

Quanto à China e ao Japão, ali guerreiros portugueses sabiam que não tinham chance nenhuma. À exceção da pequena área chinesa de Macau, que pertenceu a Portugal durante séculos, a penetração cultural que ocorreu naqueles dois países deu-se através de missões de clérigos católicos.

Montezuma. Como os europeus trataram o imperador?
No México, consta que Hernan Cortez fez amizade com o

Imperador ("Tlatoani") Montezuma II o Jovem (Montezuma = "Serpente de Obsidiana"), ou Montezuma Xocoyotzin, nascido em 1466 e exercendo o poder desde 1502, quando em 1519 chegou à capital Tenochtitlan, hoje Cidade do México, pretendendo fazer negócios, trocando o ouro dos povos americanos por produtos manufaturados europeus. Queria fazer também intercâmbios culturais. Mas numa de suas ausências, em viagem de exploração por alguns meses, seus soldados fustigaram os nativos, tentando impor o cristianismo do modo menos recomendável possível: quebrando os totens, que eram a representação de seus ídolos. Não sabemos se antes disso tiveram a informação chocante de que para aqueles ídolos os astecas sacrificavam crianças, o que ajudaria, sem justificar o ato, a explicar a indignação. Quando Cortez voltou, encontrou os dois grupos em plena guerra, escolhendo ficar do lado dos seus, os europeus. Montezuma morreu em 1520, assassinado por espanhóis ou, segundo a versão mais corrente no México atual, sacrificado pelos próprios astecas por ter sido crédulo e fraco diante dos invasores europeus. Desde então, desapareceu na área de colonização espanhola da América do Norte, por longo tempo, a chance de convivência pacífica entre nativos e conquistadores do Velho Mundo.

Imperador Montezuma Xocoyotzin

Não ajudou nada na solução do conflito o fato de Cortez ter como amante a indígena Malinche (chamada Malinalli, em sua língua nativa; e batizada como Marina), nascida em 1496 na etnia nahua, do litoral, exímia intérprete, que falava três línguas – maia, asteca e, depois, espanhol -, teve um filho com ele, mas não pôde ser sua esposa, já que ele era casado na Espanha. Ele arrumou para ela então um casamento com Juan Xamarillo, e com este marido ela teve uma filha. Mãe dos dois mestiços, Malinche é tida por muitos como "a mãe da nação mexicana". Outros a veem como traidora, que com suas habilidades ajudou os europeus a dominar os nativos mexicanos. Faleceu em 1551.

Cuauhtémoc. Teve melhor sorte o sucessor?

O sucessor de Montezuma II foi o Imperador Cuauhtémoc ("Águia que pousou"), seu sobrinho, que naquele ano de 1520 tratou de fortificar a cidade e reorganizar o exército para enfrentar os espanhóis, que haviam sido expulsos, mas que eram esperados de volta, trazendo reforços. O pai de Montezuma II, Montezuma I, tinha nascido em 1398, e reinou de 1440 até morrer, em 1469. Esses monarcas frequentaram escolas, mas devemos entender por "escolas" pré-colombianas na América não a instituição pitagórica, destinada à formação dos jovens em geral, mas cursos de preparação de técnicos e dirigentes, como havia na Suméria, nos tempos do Imperador Hamurábi (séc. XVIII a.C.), da Babilônia.

De fato, Cortez voltou em 1521 e manteve a cidade sob cerco durante três meses. No dia 13 de agosto, suas tropas capturaram o imperador, que havia escapado para a cidade de Tlatelolco, onde antes foi governador, no que fez uma má escolha, com o abandono da capital do império. Em carta ao Rei Carlos I da Espanha, Cortez contou que Cuauhtémoc apontou-lhe o punhal na cintura e disse que o matasse com aquela arma, por ter sido ele incapaz de defender sua gente. Cortez, porém, que havia recebido uma canoa cheia de peças feitas de ouro, queria mais, e decidiu não matar o imperador. Preferiu submeter a ele e aos outros prisioneiros à tortura, com a queima de seus pés e outros suplícios, para que dissessem onde poderia encontrar mais ouro. Numa viagem a Honduras, levou o imperador junto, para mostrar a outros governantes nativos que era o senhor da situação. Dois dos auxiliares de Cortez revelaram, em certa altura, que Cuauhtémoc estava conspirando junto a outros imperadores, o de Texcoco e o de Tlacopan, para matá-lo. Finalmente, em 26 de fevereiro de 1525, após interrogatórios, Cortez o mandou enforcar, como exemplo contra quem atentasse contra sua vida. Foi o último imperador asteca a ter sido empossado sem a bênção dos espanhóis. Bernal Diaz del Castillo, homem de letras que acompanhava Cortez, escreveu no livro "A Verdadeira História da Conquista da Nova Espanha" que a execução foi injusta e que Cortez passou a sofrer de insônia, por remorso.

Caldeamento. Os afroameríndios somos mais indígenas ou mais mestiços?

Proporcionalmente, somos pouquíssimos indígenas hoje sem miscigenação com europeus, semitas ou africanos. Como as viagens dos exploradores vinham pelo Atlântico, os indígenas menos miscigenados estão mais a oeste. Quando mais se vai para leste, em qualquer parte do continente, mais mestiçagem existe.

Depois de muito caldeamento, somos agora americanos-judeus, americanos-afros, americanos-lusos, e assim por diante. Temos de ser gratos aos céus por compartilharmos a cultura desses povos do Velho Mundo em nossos genes. Mas não podemos perder de vista que nossa cultura continental originária é de gente de origem asiática, do Extremo Oriente.

Miscigenados com os europeus, principalmente judeus e cristãos, recebemos formação voltada para o perdão e a rejeição à lei de talião. Não tínhamos isso aqui, como também não tinham os filipinos, indonésios, coreanos, vietnamitas, chineses e japoneses até séculos atrás. Vivíamos em guerras de honra, tribos contra tribos, pois esse era o ditame daqueles tempos. Ter guerreado tanto não nos deixou mais brutos, porque isso fez parte da evolução humana.

No início do século XXI alcançamos o estágio de uma América sem guerras, depois do acordo que encerrou a guerrilha da Colômbia em 2017. Depois de uma Europa sem guerras, com o fim do conflito dos Bálcãs em 1995, temos também uma América sem guerras, desde o extremo norte do Canadá até a Terra do Fogo.

2.
Especiação darwiniana

Até meados de 2017, e desde muitos anos antes, o consenso sobre a data da chegada do Homo sapiens à América era que isso se deu há doze mil anos. Os menos crédulos acreditavam em oito mil anos, sempre com base nos registros rupestres. No segundo semestre de 2017, pesquisadores concluíram que a presença humana na América tem trinta mil anos, com base em material coletado no Estado de Mato Grosso, Brasil. Uma confirmação dessas medições faz-se necessária, talvez um *experimentum crucis*, diante da guinada representada pelo achado.

Pioneiros. Desde quando estamos na América?

Os tupis, e em consequência os guaranis e outras etnias menores, chegaram à parte mais oriental do continente, que hoje é a costa brasileira, há três mil anos, meio milênio depois que os sumérios inventaram a escrita, em sua modalidade cuneiforme, e os egípcios criaram os hieroglifos.

Os tupis não foram os primeiros seres humanos a chegar à região que hoje é o Brasil. Na década de 1990 foi descoberto em Lagoa Santa, Estado de Minas Gerais, o que por muito tempo foi considerado o crânio mais antigo das Américas, datado em 11.500 anos (infelizmente destruído no incêndio do Museu Nacional do Brasil em 2 de setembro de 2018). Pertencia a uma jovem de aproximadamente 20 anos, que o pesquisador Walter Neves, da USP, batizou de Luzia, em referência ao fóssil de Lucy, da Tanzânia. Poucos anos depois, foram identificados esqueletos da mesma época e com aparência equivalente em outros países da América do Sul. Mais recentemente foi descoberto na península do Iucatã, no México, um esqueleto que os cientistas julgam mais antigo, de doze mil anos, que era de uma jovem de aproximadamente 16 anos, que os pesquisadores batizaram como Naia.

Luzia, que viveu no Brasil cinco mil anos antes da chegada dos tupis, não tinha aparência asiática, mas africana, o que intrigou muito os pesquisadores.

Deve ter havido uma onda de migração para a América do Sul há onze ou doze mil anos, muito provavelmente através do Estreito de Behring, como ocorreu posteriormente com os asiáticos. Há a possibilidade de, doze mil anos atrás, não se ter formado ainda nenhuma população com a aparência dos mongóis. Os migrantes daquele tempo foram, portanto, famílias africanas que rumaram para o Extremo Oriente e, de lá, alcançaram as Américas. Eles podem também ter vindo pela Antártida, ou através de ilhas do Atlântico que não existem mais.

Se vale a hipótese de que viveram populações nas Américas entre dez mil e doze mil anos atrás, é quase certo que elas se extinguiram, surgindo depois a onda migratória de populações que "subiram" da China e atravessaram o Estreito de Behring, milênios depois daquela primeira onda. Se não se extinguiram por completo, poucos exemplares restantes podem ter sido miscigenados com as populações recém-chegadas originárias do Extremo Oriente. Atualmente estão sob exame amostras de DNA de contemporâneos de Luzia, colhidas em Lagoa Santa, o que logo trará surpresas.

Sítios arqueológicos da América Central atestam a ocupação indígena datada de 6.500 anos. Viemos do Extremo Oriente certamente nessa fase.

Diferenças. Que parentesco há entre as tribos de norte e sul?

Os nativos dos Estados Unidos e do Canadá têm aparência muito distinta daquela dos astecas, que se parecem mais com os da América do Sul. Os esquimós, que guardam maior semelhança com os chineses em termos de fisionomia, na conformação corporal distanciam-se de todos os povos das Américas e da Ásia Oriental, pelo menos no que se refere à estatura. Estiveram isolados por milênios dos povos meridionais. E as diferenças entre os povos dos Estados Unidos e os do México devem-se certamente à barreira representada pelo Rio Grande. Se para as gentes contemporâneas e para os colonizadores espanhóis o rio não traz nenhum impedimento, para os antigos, inclusive por motivos místicos, ele constituiu-se em fator de separação.

Pelo fenômeno da especiação, da teoria da evolução, as

diferenças acentuaram-se ao longo dos séculos e milênios. Um homem síoux não dava sinal de ser parente muito próximo de um guarani do Paraguai, apesar de terem ambos a mesma cor de pele. Essa diferença ajudou a consolidar a crença infundada de que éramos índios, ou indianos.

No entanto, sem o viés da expectativa de que aqui estava um pedaço perdido da Índia, um viajante do Velho Mundo que tivesse tido contato aqui com guaranis, tupis, incas, astecas, navajos, síouxes e esquimós, por exemplo, um árabe, e tivesse sido solicitado a construir o retrato falado do tipo de homem que viu aqui, chegaria a um rosto mongolóide, não a um rosto indiano.

Os europeus que vieram para nos pintar, diferentemente, fizeram retratos de indianos, que, de fato, não existiam neste continente. Eles vieram com um retrato pronto na cabeça, e não conseguiram escapar dele.

A diferença do tratamento dado aos nativos americanos pelos ingleses, na América do Norte, e pelos ibéricos, nas Américas Central e do Sul, vem basicamente do fato de que os ibéricos que vieram para a América eram judeus e mouros, ou seus descendentes miscigenados com europeus.

Enquanto na América do Norte muitas guerras levaram à quase extinção das tribos nativas, na área de colonização ibérica, mais ao sul, europeus se casaram com gente "índia", criando grandes populações miscigenadas.

Na parte mais oeste da Amazônia brasileira há muitas cidades formadas por populações inteiramente nativas. No litoral do país, todos os municípios são miscigenados, havendo ainda aldeias guaranis sem mestiçagem apenas no litoral do Estado de São Paulo, uma vez que o grande desenvolvimento da região deu-se no Planalto de Piratininga. Nos anos setenta, com a criação da Rodovia Rio-Santos, várias tribos que viviam de extrativismo e pesca tiveram pela primeira vez, desde as guerras da "Confederação dos Tamoios", do século XVI, contato com os chamados "brancos".

No início do século XX, diferentemente, havia ainda muitas tribos sem mistura com gente de origem europeia espalhadas pelos Estados de Minas Gerais, Bahia, Espírito Santo e também por

Estados do Nordeste. O avanço da urbanização nessas áreas, mormente entre os anos trinta e setenta, fez com que todos esses povos se mesclassem, e perdessem a língua nativa. Tribos indígenas neste início de século XXI são encontradas no litoral de São Paulo, no oeste do Paraná, ou no interior dos Estados de Goiás, Tocantins, Pará e áreas mais a oeste do Brasil. Tribos que se reorganizaram na Bahia, em Pernambuco, no Maranhão ou outros Estados litorâneos são, em geral, agrupamentos de mestiços, antes chamados de caboclos. Na quase totalidade são barbados e sem conhecimento da língua de seus ancestrais.

3.
Nosso legado

Os primeiros europeus nas Américas não levaram para seu continente apenas ouro, pedras preciosas e riquezas vegetais, como era seu propósito. Levaram também o que puderam absorver da cultura dos nativos, quando não exemplares dessas populações, como foi o caso da jovem Pocahontas.

Certamente a cobiça maior recaía sobre o ouro, mas muitos outros produtos ganharam espaço nas embarcações que retornavam à Europa.

Aprendizados. O que aprenderam conosco?

Da cultura nativa levaram coisas positivas e também transtornos, que julgaram itens inocentes, como o hábito de fumar. É notório que o hábito de tomar banho de corpo inteiro, dentro de rios, de lagos e do mar, foi levado daqui. Europeus banhavam-se com o uso de tinas, molhando toalhas e passando sobre partes do corpo, como herança do catolicismo medieval, que condenou os banhos públicos nas fontes (piscinas) da Roma Antiga.

Thomas Morus imaginou o relato de um navegante português que, voltando à Europa, descrevia uma ilha, muito desenvolvida para a época, em que funcionava a contento o sistema de propriedade comum, muito parecido com o experimentado pelos cristãos dos três primeiros séculos. Nas granjas, contou ele, havia uma máquina para chocar os ovos, uma chocadeira, o que melhorava em muito a produção de aves. O nome dessa ilha fantástica era Utopia, ou "nenhum lugar", em grego. O livro, A Utopia, foi publicado em 1516.

Essa inspiração benfazeja que o Novo Mundo exerceu em europeus teve resposta reversa um século mais tarde na obra de Thomas Hobbes, o Leviatã, e, décadas depois, na de Jonathan Swift, Viagens de Gulliver. O que Gulliver viu, em suas navegações, foi exemplos de extremas desigualdades entre os seres humanos, enquanto que Hobbes havia descrito em sua filosofia o homem como o lobo do homem.

Distorção. Nosso legado foi bem entendido?

Novamente outro compatriota desses três ingleses, Anthony Ashley-Cooper, terceiro conde de Shaftesbury, retomou linha aparentemente relacionada à de Thomas Morus, apesar de ser um homem do partido Whig, conservador. Shaftesbury lançou, como base de sua filosofia, a crença na benevolência natural do homem. Essa visão, flagrantemente contrária à pregação cristã, base de Morus, segundo a qual se faz necessário plantar a semente da "palavra da salvação", que tem dificuldade de vicejar em terreno pedregoso, gerou correntes sectárias muito problemáticas, sustentadas na mentira. Não foi, seguramente, uma inspiração positiva derivada dos nativos do Novo Mundo, que viviam em constantes guerras.

E as guerras ocorriam pelo simples fato de que a evolução humana não tem como queimar etapas. Se os europeus, letrados e dominadores das artes metalúrgicas, viviam guerreando, com muito mais razão os nativos das Américas o faziam.

Certamente nunca foi a intenção de Thomas Morus escamotear o estágio bélico do Novo Mundo, mas os românticos que vieram depois abusaram da estratégia mentirosa que apresentava o homem selvagem como bondoso e absolutamente pacífico. Paz o mundo sempre desejou, mas o desejo não tinha como sobrepujar a limitação imposta pelo incipiente estágio civilizatório.

Morus nem de longe pode ser tido como o pioneiro do romantismo, pois a Ilha de Utopia não era um país de selvagens. Ele se inspirou nos relatos sobre a ausência de propriedade privada entre os nativos do Novo Mundo, que compartilhavam as florestas para extrativismo e caça, e os rios e mares para pesca, navegação e banhos. Então transportou essa configuração para uma ilha muito civilizada, tecnologicamente avançada, mas preservando a condição da propriedade comum. Tanto ele sabia que a situação era fantasiosa que batizou o país de "lugar nenhum".

Se em Thomas Morus fantasioso era o lugar, nos autores românticos, apologistas do bom selvagem, fantasioso era aquele tipo de indivíduo que eles imaginaram, telúrico, pacífico, tolerante e benevolente.

Se temos veia para o pacifismo, ela é a mesma dos europeus, dos atuais africanos e dos asiáticos, e não porá o carro na frente dos bois. Assim como os europeus ocidentais não tiveram paz antes de 2005 ("Guerra da Bósnia"), tampouco nós tivemos. Se os europeus ocidentais defendem a paz a todo o custo desde aquela data, nós também o faremos a partir de 2017 (fim da guerrilha das "Forças Armadas Revolucionárias da Colômbia"), a menos que a loucura insista em retomar o passado de ditaduras longevas, com seus conflitos inerentes.

Assim como no século XX deturparam as ideias de John Maynard Keynes, trocando-se o projeto de investimento para obtenção e manutenção do pleno emprego pelo de "intervenção" para debelar crises, e de Maria Montessori, trocando-se a modelo de substituir o professor primário em sala de aula munida de material didático adequado (analógico) para as crianças por um esquema em que o professor passou a ser chamado de "guia" e continuou em sala (professor teria de trabalhar fora da aula, como examinador), do mesmo modo deturparam-se as ideias de Thomas Morus, que imaginou, isto sim, um povo civilizado que alcançava a paz exatamente por seu alto estágio de progresso e teve quase dois séculos depois sua obra como inspiradora de uma doutrina que enxerga o homem selvagem como portador de "bondade natural".

4.
Desenvolvimento pré-colombiano

As visões positivas em relação aos povos nativos das Américas sempre foram relegadas à poeira das gavetas. O Patriarca da Independência do Brasil, José Bonifácio de Andrada e Silva, por exemplo, tinha planos de instalar escolas primárias em todas as aldeias "indígenas", e de desenvolver a agricultura nessas comunidades, com amparo oficial ("Projetos para o Brasil"). Nada disso foi levado a cabo, porque os agentes que poderiam pôr a ideia em prática estavam tomados de preconceito, alimentado pelo paradigma do "indiano perdido". Apenas no século XXI, pela própria dinâmica do tempo e empenho de alguns abnegados, em trabalho paulatino, as escolas têm chegado às aldeias espalhadas pelo país.

Aritmética. Como víamos os números em 1500?

Os moradores da maioria das aldeias do Brasil, quando da chegada dos europeus, contavam até três, nominalmente, identificando o número quatro com o coletivo. Diziam, em suas línguas: um, dois, três, muitos. Em tupi, *jepé, mokoin, moçapyr, irundyc*. O noviço José de Anchieta, na escola que criou com o Padre Manoel da Nóbrega no Planalto de Piratininga, para alfabetizar as crianças tupis, introduziu expressão para o número cinco e, a partir dele, para outros números maiores. Dizia "che pó", minha mão, para cinco (ele preferia a letra "x" em lugar de "ch", "xe" em lugar de "che", já que em latim o "ch" remetia a "k"; o professor Eduardo Navarro grafa "se", com "pu" para mão, o que dá "se pu"; a letra "y" em tupi-guarani é pronunciada como o "u" francês, mas de um modo gutural; tupi e guarani são línguas muito próximas, compartilhando a quase totalidade do vocabulário e das regras gramaticais, disso resultando a fusão na língua tupi-guarani, que Anchieta, mais baseado nos diversos falares tupis, chamou de *nheengatu*, boa fala, ou língua geral).

O número dez, segundo Anchieta, dizia-se "mokoin pó", duas mãos (pronúncia: mokõe pó), enquanto que o número vinte era dito "che pó che py", minhas mãos e meus pés.

De seis a dez os números ficaram assim:

che pó jepé
che pó mokoin
che pó moçapyr
che pó irundyc
mokoin pó

Para contar de onze a vinte seguia-se o mesmo recurso: mokoin pó jepé, mokoin pó mokoin, mokoin pó moçapyr, etc.

Os jesuítas dos Sete Povos das Missões, do extremo-sul do Brasil, mais norte da Argentina e leste do Paraguai, seguiram, décadas depois, a mesma orientação para escrita e pronúncia dos números.

Esse estágio científico, muito rudimentar, não era único nas Américas, mas era a condição dos povos do campo, isto é, da floresta. Os povos da cidade, restritos basicamente a algumas remanescentes povoações maias, aos astecas do México e aos incas de Cusco, Peru, estavam em outro padrão de desenvolvimento.

Todas as aldeias das Américas estariam no mesmo nível alto de vida se os benefícios da urbanização e do progresso tivessem sido espalhados por todo o continente. Os nativos "da roça" estavam na situação do "um, dois, três, muitos" não por serem inferiores a quaisquer outros povos, mas porque estavam ainda em condição campestre, sem comunicação com os irmãos desenvolvidos dos burgos.

Os maias, que também alcançaram alto estágio de desenvolvimento, estavam desmantelados como império quando Colombo chegou à América, quase certamente por derrotas militares frente aos toltecas, no século IX. As poucas cidades ainda existentes eram pequenas e foram dominadas pouco a pouco pelos espanhóis. Mas as duas cidades que funcionavam como capitais do México e do Peru daquele tempo mostram que as Américas não se encontravam apenas no estágio selvagem. Os astecas, do Imperador Montezuma II, haviam herdado os avanços alcançados pelos povos maias, que os historiadores deduzem ter-se consolidado entre o ano 2.000 a. C., com a agricultura, e o ano 250 d.C., quando já se achavam bem avançadas as práticas da escrita hieroglífica, da Arquitetura, do Artesanato, da Astronomia, da Música, da Aritmética e da Ecologia.

Divulgou-se no início do século XXI que os maias registraram a data do fim do mundo como sendo o 20 de dezembro de 2012. A data de fato existe, mas a interpretação de que representava o fim do mundo partia de duas fraquezas humanas: sensacionalismo e má leitura. Dorion Sagan, filho do cosmólogo Carl Sagan e pesquisador de documentos e monumentos maias, afirma que a data refere-se ao início de um ciclo, representando grande renovação para a humanidade. Essa etnia não se encontra hoje confinada a um território e com fenótipo facilmente identificável, mas acha-se espalhada por extensas áreas, principalmente do México, da América Central e do sul dos Estados Unidos, nos cromossomos e no sangue dos que se miscigenaram com os nativos dessa região.

Zero. É verdade que já usávamos símbolo para o zero?

Em comunicação feita ainda no ano de 2012, Dorion Sagan contou que no monumento de Kobah, Península de Iucatã, está escrita uma data que significa a época mais antiga já registrada em qualquer lugar do mundo. É um número composto de dez trezes e quatro zeros e representa um trilhão de anos antes dos 14 bilhões de anos que os astrônomos avaliam ser a idade do universo.

Zeros? Sim. Já na altura do ano 250 d. C. os maias usavam um símbolo para o zero, a cardinalidade do conjunto vazio. Enquanto os indianos, séculos depois, passaram a representar o zero com a forma de um ovo em pé, o chamado "ovo de ganso", os maias o representavam como uma elipse deitada, na forma de uma amêndoa de cacau. Há uma possibilidade não desprezível de terem sido os maias o primeiro povo do mundo a escrever a representação do zero como valor posicional, e com um símbolo específico.

O sistema de numeração era de base 20, representando os dedos dos pés e das mãos, mas a contagem era reciclada de cinco em cinco, número dos dedos da mão, assim como fez José de Anchieta ao desenvolver a numeração para os meninos do Pátio do Colégio, no Planalto de Piratininga. Há, portanto, alguma chance de ter havido uma parceria nessa construção, com os alunos mostrando que usavam as mãos para fazer contagens aproximadas e com o noviço aproveitando a ideia para fazer a contagem um a um de todos os números naturais.

Para os maias, o zero era a amêndoa deitada, que lembrava

também uma bola de rúgbi atual. O número 1 era um ponto, o 2 era formado por dois pontos deitados, o 3 era formado por três pontos - como no símbolo de reticências - e o 4 era uma sucessão de quatro pontos. Completava-se então o primeiro quinteto no número seguinte e este, o 5, não tinha pontos, mas representava-se com uma haste deitada, um grande travessão.

O próximo número natural era o traço com um ponto em cima, o che pó jepé (minha mão mais um) dos alunos de Anchieta. O 7 era, logicamente, o traço com dois pontos em cima. O 10 eram dois traços deitados, como no sinal de igual, e o 11 eram esses dois traços com um ponto em cima deles. O número 15 eram três traços horizontais e, com os pontinhos sobre eles, ia-se até o 19. Nessa altura configurava-se a ideia da base 20: o número 20 era escrito como um zero, a amêndoa deitada, e um ponto escrito acima, mas a uma distância que deixasse o vão para os pontinhos da sucessão a partir daí, pois o 21 era um ponto (não a amêndoa) com aquele ponto em cima, o 22 eram dois pontos (do número dois) com aquele ponto em cima, e assim por diante. Vê-se que aquele ponto sobre o zero, ligeiramente afastado dele, corresponde ao nosso dígito 2, que é escrito antes do zero para formar o número 20. O número 31 eram dois traços embaixo (10) com um ponto em cima, o que dava 11, encimado pelo ponto mais alto representando o 2 da base 20. Quando se chegava a 40, usava-se novamente o zero na base, e dois pontos acima, com a distância segura para mostrar que representavam duas vintenas. O número 100 era um traço em cima, representando cinco vintenas, com o zero posicional embaixo.

Já o tupi-guarani antigo não tinha uma palavra específica para o numeral zero, mas tinha a palavra *aani*, que significa "nada", ou "não", e podia ser usada com aquele sentido.

Tributação. Havia já uma prática de tributação?

A sociedade maia era teocrática e politeísta. As autoridades políticas, militares e clericais nas cidades eram tidas como representantes dos deuses na Terra, e os moradores do campo, em geral agricultores, pagavam pesados impostos para sustentar os citadinos.

Os maias não chegaram a firmar nenhuma organização federativa entre as cidades, a não ser no período tardio, por influência externa, quando tentaram uma confederação. O modelo político, portanto, era o de cidades-estados, isoladas.

Comércio. Como os maias faziam transações?

Além da Aritmética, cultivavam a Astronomia, a Geometria, a Arquitetura, o Artesanato, a Culinária, a Ecologia e o Comércio. O estudo da Astronomia permitiu a confecção do calendário, com os 365 dias do ano. Como exemplo da Arquitetura restaram as pirâmides, que eram construídas com fins religiosos. No Artesanato destacam-se os tecidos e seus tingimentos. Destaca-se no âmbito da Ecologia o respeito que tinham pelas florestas. E o Comércio era praticado entre as próprias cidades maias e também com outros povos da América Central e do México. A semente de cacau, que representava o zero na escrita, também era usada como moeda.

Incas. Como estavam os incas na questão dos números?

Na América do Sul, os incas chegaram a um estágio de desenvolvimento próximo ao dos maias, o que é demonstrado ainda hoje por sua Arquitetura. Desenvolveram também dois sistemas de numeração, um de base 20 outro de base 8. Entretanto, não chegaram a inventar nem importar a escrita. Se os tupis e outros povos da América Oriental vieram realmente de ramos quíchuas, não poderiam ter trazido essa herança.

Os quíchuas são povos andinos que tinham como traço comum a língua quíchua. Os incas faziam parte dessa cultura, assim como os huancas, os chancas e outros. A língua era falada do norte da Argentina ao sul da Colômbia, e ainda hoje é largamente cultivada, principalmente no Peru. Como não tinha forma escrita, coube aos jesuítas construir sua grafia, com uma certa unificação, como ocorreu com o tupi-guarani no Brasil, para usá-la nos trabalhos de catequese.

Nó. Como os números eram representados?

Os numerais incas, não eram representados por traços nem por pontos, como eram os maias. A representação eram nós dados em cordas. Um nó único era obviamente o número 1. Dois nós contíguos significaram o número 2, e assim por diante. Com a quantidade de nós e uma representação por cores, chegavam a representar valores da ordem de milhares e até milhões. Sem a invenção ou a adoção da escrita, estávamos, na América do Sul, em estágio de desenvolvimento muito atrasado em relação aos parentes maias.

Os incas, pelo domínio dos números, tinham conhecimentos avançados de Astronomia, com o ano de 365 dias e a divisão do ano em 12 meses. Mas não foi possível aos colonizadores espanhóis estudar mais profundamente esses conhecimentos, já que, diferentemente do caso das cidades maias, não havia registro escrito.

Música. Que tipo de música se fazia aqui?

A Música também alcançou alto estágio de desenvolvimento nessas culturas pré-colombianas. Os Astecas usavam tambores, feitos de madeira oca e com peles de felinos, diversos tipos de flauta e também a ocarina, instrumento de sopro com pouco mais de cinco centímetros de diâmetro, com formato de uma manga comprida, cheia de furos, e com um bico por onde o executante sopra.

Entre os maias o canto e o acompanhamento musical tiveram grande importância nos rituais religiosos. Utilizavam como instrumentos o *tunkul*, a *ocarina*, os caracóis, os tambores e as flautas de bambu e de osso, entre outros.

Os incas cultivavam a Música nas expressões afetiva, guerreira, agrícola e fúnebre. Utilizavam cinco notas musicais (correspondentes a dó, ré, fá, sol e lá) em lugar de nossas sete notas de hoje. Entre seus instrumentos musicais, feitos de madeira, osso e argila, destacam-se as flautas *quena* e *penkullo*, o caracol marinho *fotuto*, a *antara*, que era um conjunto de flautas unidas, e os tambores *tínia* e *wankar*.

Os antigos chineses utilizavam cinco notas musicais, com apenas uma diferença em relação à escala dos incas: em lugar de faltarem o si e o mi, de nossa escala atual, entre os chineses faltavam o si e o fá. Os chineses, portanto, tinham o mi e os incas tinham a nota seguinte, meio ponto acima, que era o fá, mas não tinham o mi. Essa diferença de apenas meio ponto em uma das cinco notas usadas era o que distinguia o sistema de notas musicais dos antigos chineses daqueles de seus descendentes incas. Isso não chega a ser uma prova do parentesco, mas é um dado que reforça o argumento em favor da identidade de sangue entre os dois povos. A Música é disciplina muito antiga entre as várias culturas do mundo, e precede em muito o registro gráfico. Grandes empreendimentos coletivos humanos foram levados a cabo com seus agentes usando o canto como meio de aliviar o peso da ação. Por exemplo, se os antigos egípcios construíram as pirâmides sem estarem submetidos ao chicote, então, quase certamente, fizeram aquilo cantando. Os incas usavam canções de guerra e canções agrícolas, entre seus quatro tipos de canto. São, de uma forma ou de outra, canções de trabalho coletivo.

Preconceito. Como os colonizadores nos trataram?

Se não tivesse havido no México o conflito entre os súditos de Montezuma II e os soldados de Cortez, conflito que desencadeou as inúmeras guerras que se seguiram entre os espanhóis e os nativos, acompanhadas também pelas guerras ainda mais brutais entre ingleses e nativos da América do Norte, certamente o comércio a ser estabelecido entre americanos e europeus teria levado a um surto de enriquecimentos mútuos, com grandes ganhos para os dois lados. Os ditames da época, do início do século XVI, no entanto, cobravam outro tipo de atitude, que era aquele da dominação pelas armas. Sob a visão de que éramos indianos desgarrados, não descendentes de povos do Extremo Oriente, consolidou-se o entendimento de que éramos povos inferiores, à espera de ser submetidos a tutela, escravidão, confinamento ou dizimação.

Municípios. Municípios indígenas continuam ignorados?

Só agora, no início do século XXI, pelo próprio andar da carruagem, na trajetória de expansão do progresso, os "indígenas" da Amazônia, em várias regiões antes inóspitas e perdidas, têm suas escolas públicas de ensino básico e recebem educação comparável à dos meninos das capitais dos Estados. O projeto de José Bonifácio, de escolarizar as tribos nos mais distantes rincões, só agora é colocado em prática, não por esforço nacional estratégico, como era seu intento, mas pelo chamado "trabalho de formiguinhas", com os municípios pequenos angariando recursos e lutando para trazer a seus cidadãos os benefícios das cidades grandes.

Para não ser injusto com figuras hercúleas da política, temos de reconhecer aqui que, no caso brasileiro, o esforço tem por base um projeto saído da pena do gênio do Senador Darcy Ribeiro, o Fundef (Fundo de Desenvolvimento do Ensino Fundamental), que determinava a distribuição de verbas federais específicas para a educação municipal, conforme aspiração implícita de Anísio Teixeira, de que estivesse a cargo do município a educação primária. O governo seguinte ao da implantação da medida diluiu o propósito do fundo, estendendo-o para a pré-escola e o ensino médio, com o nome de Fundeb (Fundo de Desenvolvimento da Educação Básica). Mas a essência da ideia de Darcy Ribeiro permanece.

Federação. De onde vem a ideia de federação?

Aquela organização dos maias, que tinha como base as cidades isoladas, embora da mesma cultura, está em nosso DNA. Nós americanos lutamos por fortalecer os municípios, cada um explorando suas potencialidades. Obviamente, isolados, agindo no esquema do "cada um por si", ficamos à mercê de forças maiores. Assim, diferentemente dos maias, não podemos abrir mão de fortalecer também nossas federações. Mas não podemos perder de vista a perspectiva de Thomas Jefferson: a federação é a união dos entes federados, para fins estratégicos, não a força centrípeta da uniformização. Tudo o que puder ser gerido com vantagem pelo município, como é o exemplo do ensino primário, assim deve ser feito. Nossas câmaras de vereadores são verdadeiros Parlamentos? Nossos prefeitos são verdadeiros chefes de Estado? Não há nenhum problema nisso, muito pelo contrário. Só não devemos alimentar ilusões de que sobreviveremos sem federação, sem a força da união de municípios e províncias.

E, sendo assim, temos de estar sempre vigilantes para que não ocorra a atrofia da federação. Ela pode surgir de vários modos, mas os mais eficazes vêm sob a égide da ditadura ou do presidencialismo de eleição direta. Nos dois casos, a união cai sob um chefe central que sobrepuja a hegemonia local dos chefes municipais e estaduais. É importante que numa federação a senhoriagem da moeda esteja submetida a esse chefe geral, assim como o exército, e que se fale uma língua comum em todos os Estados-membros. Mas temos de resistir a investidas outras que tenham como objetivo anular a autonomia dos poderes locais. Por exemplo, o projeto genial do Senador Darcy Ribeiro, criando o Fundef, para a educação das crianças, logo gerou subprodutos perversos, como foi, ainda no Brasil, a criação em 2003 do Ministério das Cidades, que se incumbe de asfaltar ruas, de canalizar córregos e de várias outras tarefas municipais, passando por cima de governadores e prefeitos. Para comprovar o viés autoritário e deformado do órgão, à exceção de dois períodos de poucos meses, o comando dele esteve sob quadros do partido da ditadura, teoricamente encerrada em 1985. Além de onerar de modo insensato o orçamento da União, a ação dessa pasta coloca sob tutela os executivos locais, levando-os ao acirramento da prática da bajulação.

Em nenhum momento podemos concluir que Darcy Ribeiro errou ao criar seu projeto, pois ele não podia prever o mau uso que logo outros fariam daquele mecanismo, por emulá-lo em situações fora dos serviços públicos de educação e saúde.

Outra investida, ainda não implementada, talvez porque não tenha tido sucesso nos Estados Unidos, é a proposta de imposto único, que joga todos os tributos na conta de um só, sob controle da União. Os parlamentares que defendem isso, assim como o autor da ideia, o economista Henry George (1839-1897), da Pensilvânia, não se deram conta de que tal instituto seria usado pelo fascismo, ou por outro plano ditatorial de poder, para implementar seu projeto de Estado unitário, sob comando incontestável de um chefe central.

Se a gestão da moeda deve ficar a cargo do Leviatã, isto é, da União, o uso do dinheiro deve ser descentralizado, para que a liberdade seja sempre oxigenada. Não é o fato de distribuir a arrecadação de impostos em três instâncias de poder que gera opressão tributária ou corrupção, mas o fato de haver erros graves na concepção do desenho dos tributos, advindos basicamente da ignorância sobre a teoria das proporções. Uma união federativa, no fim das contas, nem deveria instituir imposto federal, mas ser servida com porções do bolo tributários de suas unidades federadas, como ocorre com a ONU.

A federação, como instrumento estratégico e progressista, deve ser defendida como criação americana. Os gregos antigos uniam-se com propósitos de defesa, como foi o caso da Liga de Delos, mas os povos antigos não chegaram a consolidar nenhum governo federativo. O Sacro Império Romano Germânico, iniciado na coroação de Carlos Magno no Natal do ano 800 e dissolvido em 1806, teve o papel de unir a cristandade sob o mesmo monarca, mas nunca foi um governo federal, de modo que os súditos do interior da maioria das regiões envolvidas passavam toda a vida sem saber da existência dessa liga.

Sob a concepção de Jefferson, depois temperada com as ideias administrativas do caribenho Alexander Hamilton, a federação dos Estados Unidos inspirou no século XIX as unificações italiana e prussiana e, no século XX, a Federação da Rússia e a União Europeia, esta em processo de consolidação no século XXI. Antes disso já havia servido de modelo à formação dos Estados Unidos do México e dos Estados Unidos do Brasil, que em 1967 passou a chamar-se República Federativa do Brasil.

A ideia federativa não vem da mente de um imperador que queira desmembrar seus domínios com vistas a facilitar a governança. Um imperador absoluto divide para melhor impor suas vontades. Já a federação, em sua construção americana, "ameríndia", tem sentido contrário: juntam-se os Estados para que se fortaleçam, mas estes preservam sua autonomia até o limite da ruptura, a qual, aliás, nunca é desejável.

5.
O Planalto de Piratininga

Em uma data sem consenso entre historiadores, mas que se situa entre 1510 e 1515, salvou-se de um naufrágio no litoral da Capitania de São Vicente o navegador português João Ramalho. Este foi acolhido por um jovem chefe, Pikeroby ("Peixinho Verde"), irmão mais novo do chefe Tibiriçá ("Vigilante da Serra"), líder que viria a marcar fortemente a história brasileira. Subindo para o Planalto, João Ramalho uniu-se à primogênita de Tibiriçá, Mbicy ("Tostada"), que ficou conhecida entre os portugueses como Bartira e foi batizada como Isabel. A esposa de Tibiriçá chamava-se Potyra ("flor"), de onde vem a tentativa de chamar sua filha também pelo mesmo nome, embora com pronúncia modificada. Casado em Portugal com Catarina Fernandes das Vacas, Ramalho nunca cogitou voltar a seu país de origem, o que faz os estudiosos desconfiarem que ele veio como degredado. Aqui, ocupou os cargos de vereador, capitão e alcaide (prefeito), vindo a falecer em 1580, no Vale do Paraíba.

Outro navegador português, aportado junto com João Ramalho, Antônio Rodrigues, foi também acolhido por Pikeroby, o qual, assim como o irmão Tibiriçá, tornou-se sogro de um imigrante, casando com Antônio uma de suas filhas, depois batizada pelos jesuítas como Antônia Rodrigues. Outra filha ele casou com outro imigrante que veio depois, Cosme Fernandes.

Vila. A Vila se São Vicente foi bem aceita no início?

Pikeroby era cacique da tribo dos guaianás, de Ururaí, atual bairro de São Miguel Paulista, município de São Paulo. Outro irmão, Caiuby, desceu o Rio Tietê para subir pelo Rio Jurubatuba, hoje Rio Pinheiros, e estabeleceu uma aldeia na região, tornando-se cacique daquela gente. Anos depois, os jesuítas criaram ali a Vila dos Pinheiros, como um novo núcleo de alfabetização e catequização de crianças nativas, depois da escola inicial do Pátio do Colégio, na Vila de São Paulo de Pitatininga, fundada em 1554 com o apoio do chefe Tibiriçá. Bem antes disso, Martim Afonso de Sousa, donatário da capitania, oficializou em 1530 a Vila de São Vicente, no litoral.

Tibiriçá e Caiuby continuaram a conviver bem com os poucos portugueses que conheciam, mas Pikeroby viu como uma ameaça a criação da vila no Litoral. Em 1534 organizou um ataque à Vila de São Vicente e derrotou os poucos soldados deixados ali por Martim Afonso de Sousa. A povoação foi saqueada e quase toda demolida.

Cerco. São Paulo teve melhor sorte nesse tempo?

Em 1562 Pikeroby levou a cabo outro ataque, agora de proporções maiores, mas não no litoral. Juntou-se a seu filho Jaguanharó ("Onça Feroz"), que chefiava uma grande tribo no Vale do Paraíba, e atacou, durante cinco dias, tanto a Vila de Pinheiros quanto a Vila de São Paulo de Piratininga. O jesuíta José de Anchieta registrou que "foi pela misericórdia de Deus" que os nativos catequizados e seus parentes voltaram seus corações para a salvação da comunidade, muitos deles respondendo com bravura aos ataques de Pikeroby e Jaguanharó. Finalmente, no quinto dia de batalha, Jaguanharó tentava quebrar a machadadas a porta da igreja do Pátio do Colégio, em que se haviam refugiado mulheres e crianças da vila, quando foi surpreendido e morto pelo próprio tio, o chefe do lugar, cacique Tibiriçá. Os invasores foram então derrotados. Antônio Rodrigues, genro de Pikeroby, depois de muita conversa, conseguiu convencer o cacique rebelado a selar a paz com seus irmãos. Pikeroby morreu meses depois, naquele mesmo ano de 1562.

Os jesuítas puderam então retomar seu trabalho de educação das crianças, formando as gerações que se constituíram em pilar inicial da cidade de São Paulo, que neste começo de século XXI conta com mais de 12 milhões de habitantes, circundada por várias cidades conurbadas onde vivem outros 11 milhões.

6.
As Reduções

Durou pouco menos de um século e meio o projeto de evangelização dos nativos do sul do Brasil e áreas vizinhas da Argentina e do Paraguai, com unidades também no Uruguai e na Bolívia, levado a cabo pelos missionários da Companhia de Jesus, os padres jesuítas. O trabalho teve início em 1609, encerrando-se em 1756.

Naquele tempo, essas terras pertenciam à Província do Paraguai, da coroa espanhola, que escalou esses sacerdotes para levar aos "índios" a doutrina cristã, com o objetivo de aproximar os habitantes da colônia da cultura do colonizador europeu. Como sabemos, as coroas portuguesa e espanhola estiveram fundidas de 1580 a 1640.

Como já se fazia em São Paulo de Piratininga há meio século, a doutrina era transmitida na língua dos nativos. Para as Missões, ou Reduções, esta língua era o guarani, hoje cultivada no Paraguai como guarani jopará ("jopará" = misturado), por causa do acréscimo de vocábulos hispânicos.

Começo. Como ocorreu a introdução das Missões católicas?

A primeira Redução, de 1609, foi instalada em San Ignacio Guazu, no Paraguai. Na região que hoje é Argentina, província de Misiones, fundou-se já em 1610 a Redução de Nuestra Señora de Loreto. No lado que hoje pertence ao Brasil, o Rio Grande de São Pedro, hoje Estado do Rio Grande do Sul, na região do Tape, foram fundados alguns núcleos, sendo São Miguel o mais importante. Em 1641, logo após o fim da fusão entre as coroas espanhola e portuguesa, ocorreu a Batalha de M'Bororé, entre os guaranis e os bandeirantes que iam de São Paulo até aquela área buscando escravizar os nativos já alfabetizados, que, assim, tornavam-se mais valiosos. Os nativos, liderados pelo chefe Inácio Abiaru, derrotaram os bandeirantes, que eram chefiados por Jerônimo Pedroso de Barros, filho de Amador Bueno, "O Aclamado" (aclamado Rei de São Paulo pela população viem 1641 sem, contudo, ter aceitado a coroa), mas, com muitas baixas, os guaranis e os jesuítas decidiram migrar, transferindo suas residências para o lado oeste das margens do Rio Uruguai, juntando-se a Reduções da região que hoje pertence à Argentina.

Durante o período da fusão das coroas, chamado na área lusófona de "domínio espanhol", os bandeirantes aproveitaram a obsolescência do Tratado de Tordesilhas, assinado na cidade de mesmo nome em 1494 e que dividiu as terras entre Portugal e Espanha quando eram governos distintos, e rumaram para oeste, fundando inúmeros povoados na área que antes pertencia à Espanha e que era vedada à penetração de colonos de origem portuguesa. Ao tentar as mesmas investidas no sentido sul, deparavam-se com uma recente civilização, a das Missões jesuíticas. Esses incansáveis pioneiros devassavam as matas em busca de ouro e pedras preciosas, criando vilas e trilhas por centenas de léguas nas direções sul, leste e oeste. Os manuais edulcorados de História do Brasil frisam esse aspecto e quase não tocam no lado negativo de parte desses aventureiros, que era a captura de nativos para trabalho escravo. Enquanto parcela dos bandeirantes reviravam cascalho procurando minérios, outra ala entregava-se à tarefa nada edificante de prender e traficar seres humanos.

Retomada. Que ocorreu após a separação das coroas ibéricas?

Depois de 1640, já não se sabia que áreas pertenciam a Madri e quais pertenciam a Lisboa. Dessa forma, o governo espanhol incentivou os jesuítas a restaurar as Missões do Rio Grande do Sul, o que passou a ser feito a partir de 1682. Além de reativar São Miguel, fundaram as Reduções de São Francisco de Borja (1682), São Nicolau (1682), São Luiz Gonzaga (1687), São Lourenço Mártir (1690), São João Batista (1697) e Santo Ângelo Custódio (1706). Estes povoamentos formaram a área dos Sete Povos das Missões do que hoje é o sul do Brasil. No território do atual Paraguai foram oito Reduções, enquanto que na Argentina foram fundadas quinze. Pelo Tratado de Tordesilhas, não só a Colônia do Santíssimo Sacramento (no sul do Uruguai) teria de voltar à coroa espanhola, mas também todo o território do Rio Grande do Sul teria de ser reincorporado. Isso veio a ser a causa do conflito final nas Missões guaranis.

Organização. Como se dava a administração das Missões?

O prefeito de cada cidade, chamado *parokaitara* ("aquele que decide o que se deve fazer"), era eleito pelos moradores, mas muitas vezes essa escolha recaía sobre o que já exercia o papel de cacique. Os jesuítas aceitavam tal situação porque não queriam entrar em conflito com as vontades e as tradições das tribos. O fato de cultivar e desenvolver a língua guarani, em lugar de impor o espanhol, era indicativo dessa disposição. Havia também o juiz, chamado *ivirayucu* ("o primeiro entre os que carregam o chicote"), responsável por zelar pelos bons costumes da tribo. Para identificar e castigar os infratores, ele contava com auxiliares, que eram os juízes de bairros, e também as vigilantes, mulheres para cuidar do sexo feminino, além de zeladores para os meninos e inspetoras para as meninas. A eleição do prefeito e das demais autoridades ocorria no primeiro dia de janeiro de cada ano e os eleitos eram apresentados aos padres e em seguida ao governador da província, para confirmação. Cada cidade contava também com contadores, fiscais, escrivães, merceeiros e um alferes real.

As construções eram de pedra e madeira. Ao lado de uma praça ampla, ficavam a igreja, oficinas, prédios administrativos, o cemitério e a escola, a qual servia também de residência aos padres. Também havia a *coty guazu* ("casa comunal"), que abrigava as viúvas, os órfãos e as solteiras idosas. Em volta da praça, eram erguidas as residências dos nativos, e no centro dela havia a estátua do santo padroeiro da Redução, junto a uma cruz.

Alguns costumes guaranis estavam em desacordo com os preceitos cristãos que os padres pretendiam ver cumpridos. Um desses costumes era a chamada "família extensiva", em que as relações monogâmicas não se faziam valer claramente. Por isso o superior dos jesuítas na região, o "provincial", divulgou em 1699 uma disposição determinando que as famílias, constituídas por marido e mulher, vivessem em sua residência conjugal, sem misturas.

A população das Reduções vinha em crescimento contínuo, mais por atração de famílias do campo do que por fertilidade urbana, até que no ano de 1732 alcançou o número de 141.242 habitantes, passando a decrescer desde então, contando em 1756, ano da Guerra das Missões, com 89.536 almas. Havia uma forte preocupação dos jesuítas quanto ao pequeno número de filhos por casal, tanto que, segundo Clóvis Lugon, em seu "A República 'Comunista' Cristã dos Guaranis", os padres determinaram, em certa altura, que, a partir dali, o sacristão tocasse vigorosamente os sinos muito cedo, em cada dia, para que os casais acordassem com tempo suficiente para praticar sexo antes de preparar-se para o trabalho. Na mesma obra é dito que os rapazes não abordavam diretamente as garotas para fazer a corte. O padre era o intermediário do início da relação. A jovem contava ao padre que pretendia namorar tal rapaz, e este chamava o jovem para sondar suas possibilidades de aceitação. A escolha, como se vê, cabia à mulher, mas ela não se expunha. Se o rapaz dissesse que aceitava o namoro, o casal logo estaria formado. Se ele recusasse, o clérigo dizia isso à garota, que não tinha de passar nenhum vexame na comunidade por ver-se rejeitada, a não ser na frente de seu confidente, o sacerdote.

Economia. Quais eram os meios de vida?

Mantendo seus costumes de séculos, os guaranis catequizados continuaram a cultivar mandioca, batata, milho, mate e algodão, sem descuidar das tradições da pesca e da caça, mesmo praticando, agora com orientação dos clérigos, a pecuária de leite e de corte.

Os grandes lotes de terras eram propriedade coletiva, chamada *tupambaeh* ("propriedade de Deus", ou "Deus é o dono": *tupã* significa "Deus" e *mbaeh* significa "dono"), e nelas eram plantados legumes, trigo e algodão. Além desse sistema fundiário, cada chefe de família podia possuir uma chácara, a *avambaeh*, de tamanho que permitisse plantar o necessário para o sustento dos familiares.

Havia vários tipos de ofícios, com os trabalhos em ouro, prata, ferro, madeira, couro, algodão e argila, usados na produção de vasilhames, vestimentas, chapéus, utensílios de cozinha, mobiliário, esculturas, pinturas e instrumentos musicais, entre outros. Uma vez que o comércio era incentivado entre as várias cidades, como forma de interação, cada uma delas especializava-se num tipo de indústria.

Não havia moeda impressa, nem em cédulas nem em metal, de modo que as trocas comerciais se davam na forma de escambo, mercadorias por mercadorias, seguindo certamente um valor contábil, no que hoje seria entendido como moeda virtual, ou moeda de conta.

Seja na agricultura, seja na indústria, seja no comércio, o horário de trabalho era fixado em seis horas diárias, como era também na imaginária Utopia, de Thomas Morus, obra publicada 93 anos antes do início das Missões, na língua da Igreja, que é o latim. Lastreava a liberdade de ação dos jesuítas o propósito que tinha a coroa espanhola de dar aos nativos, em termos de direitos, o mesmo status que tinham os indivíduos ibéricos.

Religião. Como agiam os sacerdores e os fiéis nas Missões?

Depois da motivação inicial que levou à conquista da América, que era a busca de um novo caminho para as Índias, o objetivo maior da colonização passou a ser a evangelização dos nativos, e as coroas ibéricas contavam com a ordem dos jesuítas, grupo católico formado sob disciplina militar, para fazer esse trabalho doutrinário.

Os bispos nessas missões tinham autorização para ordenar como sacerdotes os jovens noviços, mesmo em condições adversas fora dos seminários constituídos na forma tradicional. Nas Reduções, os padres não eram apenas chefes espirituais, mas também seculares, sendo responsáveis últimos pelas questões econômicas, sociais, culturais e militares. Em geral, havia dois padres em cada Redução, um voltado para o serviço religioso e outro incumbido das questões temporais e educacionais. As povoações mais populosas tinham três padres;

Uma das razões de ser o horário de trabalho estipulado em seis horas era que sobrasse tempo para os nativos participarem da vida religiosa. Muitos assistiam às missas diárias e nas missas dominicais e dos dias santos praticamente todas as famílias estavam presentes.

A Província do Paraguai contava com um padre provincial, que dirigia as trinta Reduções e residia em Córdoba, Argentina. O provincial tinha sob suas ordens os procuradores de Santa fé, Assunção e Buenos Aires, e era auxiliado por dois vice-superiores, um que trabalhava no Uruguai e outro que cuidava das Reduções da bacia do Paraná. Acima do provincial estava o general da Companhia de Jesus, que residia em Roma e obedecia apenas ao papa.

Deve-se ter em mente que, para os países católicos do século

XVII, cidadania era sinônimo de adesão ao cristianismo. Não havia na Europa, antes do iluminismo, demanda por separação Estado-religião. Nas Reduções, a tarefa mais importante consistia, pois, em batizar e formar no catecismo os pequenos nativos, paralelamente à alfabetização e à instrução básica.

Educação. Que atenção era dada à instrução escolar?

Aquele projeto de José Bonifácio de Andrada e Silva, do início do século XIX, propugnando instalação de escola para educação primária em todas as aldeias indígenas do Brasil, pode ter recebido inspiração de um decreto da coroa espanhola, de dois séculos antes. Neste, o monarca estabelecia que houvesse "escola de doutrina e de leitura e escrita em todos os lugares de *índios*". Se os colonos torceram o nariz para o decreto na maior parte dos territórios espanhóis, nas trinta povoações que compunham as Missões os jesuítas trataram de implantá-lo na íntegra.

O trabalho de ensinar a ler, escrever e contar nas escolas envolvia as crianças de seis a doze anos. Meninos e meninas estudavam em unidades separadas e no currículo delas acrescentavam-se as artes domésticas, de fiar e cozinhar. As mulheres eram, assim, potencializadas.

O método didático jesuítico estava baseado no manual *Ratio Studiorum*, que teve sua primeira edição realizada em 1599, pelo Colégio Romano. Os missionários traduziram e publicaram o catecismo na língua guarani, e elaboraram uma gramática dessa língua e também um dicionário guarani-espanhol. Dominavam o guarani e alfabetizavam as crianças na língua nativa destas, mas também ensinavam espanhol. Aos filhos das lideranças, talvez pretendendo arregimentar quadros para a Igreja, ensinavam também o latim.

A partir de 1700, os jesuítas instituíram um sistema próprio de imprensa, com tipografias localizadas em San Javier, Santa Maria la Mayor e Nuestra Señora de Loreto. Muitas edições publicadas pelos padres nessas gráficas estão ainda preservadas.

Musicalidade. Qual era a importância da Música nas Missões guaranis?

Desde o início os jesuítas se impressionaram com a facilidade e o pendor para a música verificados entre os guaranis. Conhecer o som dos instrumentos europeus foi quase que suficiente para incentivá-los a fabricá-los e a executá-los, como era o caso do violino, do violoncelo e da harpa.

Já na escola as crianças cantavam em coros. Adultos participavam das atividades musicais da paróquia e cada cidade (Redução) tinha seu coro e sua orquestra. Os nativos não apenas reproduziam as peças sacras, mas também compunham, tanto obras religiosas quanto obras seculares. Exemplos disso são a canção *Hara Vale Hava* (digite **bit.ly/2mw0yQd**, numeral "0" no meio, não a letra "O"), provavelmente do Paraguai, ou da Bolívia, e a *Sonata Chiquitana* (**bit.ly/2FyvwiG**), da Bolívia, esta puramente orquestral. São ambas obras anônimas, mas a segunda, por mostrar apenas traços europeus, sem nenhum rastro de cultura americana, deve ter sido composta por um jesuíta, não por guaranis.

Além de tocar instrumentos e cantar com maestria, os guaranis das Missões apreciavam e cultivavam a dança, como fazem ainda hoje seus descendentes naquelas terras que não se transformaram em ruínas.

Exércitos. Havia treinamento militar entre os guaranis?

Depois da incursão feita pelos bandeirantes em 1641, que prendeu muitos guaranis e levou os jesuítas e as populações restantes a abandonar temporariamente as Reduçóes do Rio Grande do Sul, indo juntar-se aos núcleos da Argentina e do Paraguai, os sacerdotes e os líderes nativos viram que se fazia necessário organizar destacamentos militares, para responder a futuros ataques. Em 1652 e 1676 novas investidas dos bandeirantes invadiram as cidades guaranis para capturar homens a serem vendidos como escravos, mas nessas duas ocasiões o governador do Paraguai rechaçou os ataques utilizando-se de suas forças, mas também, principalmente, das tropas militares formadas nas próprias Reduções.

Esses destacamentos guaranis eram naquela altura treinados por militares europeus, com experiência nas guerras do Velho Mundo e que vinham à América do Sul chamados para esse fim, que era formar os exércitos das Reduções. Os bandeirantes descobriram, já na campanha de 1652, que os destacamentos guaranis estavam equipados com armas de fogo e contavam com treinamento de tiro e táticas de guerra que os tornavam aptos e competitivos nas batalhas.

Não só dos bandeirantes os guaranis das Missões sofreram ataques, mas também de tribos que estavam fora da área de atuação jesuítica, como os guaicurus e os guaranis-mbiás. Essas e outras tribos foram repelidas com sucesso nas várias vezes em que tentaram invasões.

Os exércitos das Missões também ajudaram o governo da província do Paraguai em algumas situações de guerra em que rebeldes tentaram derrubar o poder constituído.

Ruínas. Em termos materiais, que resta hoje das Missões?

Enquanto os guaranis tinham de enfrentar bandeirantes, tribos adversárias ou rebeldes inimigos do governo provincial, sua organização militar mostrava eficiência. A derrota veio quando o inimigo passou a ser as coroas portuguesa e espanhola, na chamada *Guerra Guaranítica*, entre 1753 e 1756. A parte que restou daquelas cidades perdeu a relativa autonomia de que desfrutava, e várias Reduções, com o tempo resistiram apenas como ruínas. No século XX, a Unesco declarou sete das antigas Reduções como Patrimônio da Humanidade.

Em 1983, a primeira das Reduções a receber a homenagem foi o sítio de São Miguel das Missões, no Rio Grande do Sul, Brasil. Em 1984 foi a vez das argentinas San Ignacio Mini, Nuestra Señora de Santa Ana, Nuestra Señora de Loreto e Santa Maria la Mayor, da província de Misiones. Finalmente, em 1993, a Unesco concedeu o título a duas cidades paraguaias, Santíssima Trinidad del Paraná e Jesús de Tavarangué, situadas em Itapua.

7.
A Guerra Guaranítica

Quando em 1580 as coroas lusa e espanhola fundiram-se como um único império, após a morte na África do jovem Rei Dom Sebastião, sem herdeiros, em 1578, e a morte dois anos depois também de seu tio idoso, o cardeal que ficou com o trono real, o Rei Felipe II, da Espanha, neto de Dom Manuel, o Venturoso, reivindicou o direito de incorporar o trono português, o que foi feito no que veio a chamar-se "domínio espanhol", o Tratado de Tordesilhas, que se entendia obsoleto, na prática, deveria ter sido automaticamente revogado, pois ele havia sido assinado em 1494, entre a coroa de Portugal e a então coroa de Castela, para dividir entre elas as terras descobertas e a descobrir, ficando com Castela as Ilhas Canárias, pelo Tratado de Alcáçovas, de 1479, e o que viesse a ser descoberto para além de 370 léguas a oeste da Ilha de Santo Antão, em Cabo Verde. Isto se constituía num meridiano que passava pela atual cidade de Belém, Estado do Pará, e pela atual cidade de Laguna, Estado de Santa Catarina. Toda a parte ocidental do Brasil, com os Estados do Rio Grande do Sul, do Mato Grosso, do Amazonas e do Amapá, entre outros, assim como os demais territórios ocidentais, pertenceriam a Castela e, desde 1561, a Madri.

Precedentes. Como as decisões das coroas ibéricas foram vistas pelos guaranis?

Pela bula papal chamada *Romanus Pontifex*, de 1455, todas as terras descobertas seriam de Portugal, que iniciou os descobrimentos ultramarinos no século XV. Os espanhóis logo se lançaram também ao mar e, como se sabe, não foi Lisboa, mas Castela, que financiou a viagem do genovês Cristóvão Colombo. O tratado de Alcáçovas garantia a Portugal a posse do arquipélago dos Açores e da Ilha da Madeira, ao norte das Ilhas Canárias, mas também de tudo o que viesse a ser descoberto ao sul destas, de modo que quando Colombo aportou nas Bahamas, estava em território português. Instalou-se aí novo conflito entre as coroas, o que levou à assinatura do Tratado de Tordesilhas, dividindo o mundo não entre norte e sul, mas entre leste e oeste. Como o papa da época era espanhol, Alexandre VI, e tinha fama de corrupto, Portugal exigiu que o acordo bilateral, ao contrário dos anteriores, não levasse a assinatura papal. Só em 1506, com um novo papa, Júlio II, a Santa Sé apôs sua assinatura no documento.

Com a volta da divisão das coroas, em 1640, a Espanha passou a reivindicar a posse das terras teoricamente garantidas pelo tratado, mas a situação da ocupação humana nos territórios divergia frontalmente do que tinha sido assinado. Mesmo antes do "domínio espanhol", a medição das 370 léguas trazia controvérsias, havendo navegadores defendendo que a área do Brasil estendia-se até a região onde hoje estão as Guianas.

Finalmente, em 1750 assinou-se o Tratado de Madrid, ou Tratado de Permuta, referindo-se principalmente àquela área mais cobiçada pelos portugueses, que era a região das Missões. A Espanha queria a Colônia do Sacramento, que havia sido tomada pelos portugueses, no oeste do Uruguai. Portugal impôs como condição a posse do Rio Grande de São Pedro, área de 500 mil quilômetros quadrados, que incluía os "Sete Povos das Missões", os sete povoamentos mais populosos ao norte do Rio Ibicuí, que eram São Miguel, Santo Ângelo, São Francisco de Borja, São João Batista, São Lourenço, São Luiz Gonzaga e São Nicolau, além de outros cinco povoados menores. Pelo que foi assinado, a Colônia do Sacramento voltava à Espanha, que assim garantia a posse do Uruguai, e os Sete Povos passavam para o Brasil português. Os guaranis que aceitassem ser brasileiros seriam mantidos no território, enquanto que os que preferissem a coroa espanhola teriam de transferir-se para o lado sul do Rio Ibicuí, então Uruguai, ou para o lado leste do Rio Uruguai, na área da Argentina.

Os guaranis avaliaram que quem ficasse no Rio Grande de São Pedro, agora sem o amparo da coroa espanhola, e sem a união com as Reduções do oeste e do sul, estaria à mercê dos bandeirantes. No entanto, não aceitavam migrar para o Uruguai, deixando para trás toda a riqueza cultural e material que construíram ao longo de décadas.

Bernardo Nusdorffer, superior das Missões, ante a chegada das notícias do Tratado em 1750, ordenou que nenhuma providência fosse tomada até que viessem orientações explícitas acerca do procedimento a ser seguido. Em abril do ano seguinte Buenos Aires recebeu comunicação do general da Companhia de Jesus, Francisco Retz, ordenando que o Tratado de Madri fosse obedecido. Bernardo Nusdorffer sabia da disposição para a resistência entre os guaranis e só em maio de 1752 emitiu comunicação às Reduções dando um ano de prazo para que as transferências fossem feitas. Como era esperado, todas as lideranças dos Sete Povos e dos outros cinco povoados menores da área recusaram-se a cumprir a determinação.

Demarcação. Como se deu o trabalho de demarcação das novas fronteiras?

Dois meses depois, os guaranis de São João Batista tomaram o depósito de armas, que era guardado pelos jesuítas. Na mesma semana, o fato se repetiu em São Miguel e em outras Reduções. Estes exércitos declararam-se então em estado de guerra. Os jesuítas entregaram seus cargos ao superior, mas tanto ele quanto o governador de Buenos Aires, que então cuidava da área, recusaram-se a aceitar a renúncia. No mês de setembro, chegaram à região as comissões encarregadas da demarcação das fronteiras, com técnicos portugueses e espanhóis. A comissão de Portugal era chefiada por Gomes Freire de Andrade, governador de São Paulo e Rio de Janeiro, futuro Conde de Bobadela, e a equipe espanhola estava sob as ordens de Garpar de Munive, Marquês de Valdelírios, comissário real com poderes sobre vice-reis e governadores da América do Sul.

Em dezembro de 1752 a comissão fincou o marco de fronteira às margens do Oceano Atlântico e dirigiu-se ao norte. Quando alcançou a região de São Miguel, no mês de fevereiro de 1753, em local hoje pertencente ao município de Bagé, para ali instalar o marco, a comissão foi recebida não por jesuítas, como previsto, mas por destacamentos militares guaranis. Os trabalhos tiveram de ser interrompidos, indo os espanhóis para Montevidéu e os portugueses para Sacramento.

O governador enviou o padre Luís Altamirano para negociar, mas este voltou a Buenos Aires com a mesma notícia que já havia chegado antes: os guaranis não aceitavam a transferência. Em reunião parlamentar, declararam que sua determinação era manter-se sob a coroa espanhola.

No início do ano de 1754 voltou da Espanha o Marquês de Valdelírios, munido de nota real que ordenava o governador de Buenos Aires, José de Andonaegui, a tomar militarmente e entregar à coroa portuguesa toda a área das Missões rebeldes.

Batalhas. Os guaranis estavam em condições de confrontar as forças ibéricas?

Em acordo celebrado com Gomes Freire e o Marquês de Valdelírios, o governador montou um destacamento de 1500 soldados em Rincón de Gallinas, hoje Rincón de Haedo, no encontro do Rio Uruguai com o Rio Negro, seguindo dali para o norte.

Os soldados portugueses montaram um forte em Rio Pardo, mas foram atacados pelo exército do capitão José Sepee Tiaraju. Guerreando sob mau tempo, conseguiram capturar Tiaraju, em abril de 1754. Mantiveram-no preso, mas às vésperas do dia marcado para a execução ele escapou, ludibriando os guardas.

O mau tempo também prejudicou o avanço da tropa espanhola e uma coluna que conseguiu chegar à estância de Iapeju foi massacrada pelo exército do cacique Rafael Paracatu. O governador então recuou, descendo o Rio Ibicuí até novamente o Rio Uruguai, mas teve de enfrentar os guaranis pelo caminho. Mais à frente, no combate de Dayman conseguiu capturar o cacique Paracatu e levá-lo preso a Buenos Aires.

Um dos resultados do conflito foi que tribos antes inimigas dos guaranis passaram a apoiá-los, como os charruas e os minuanos. Os soldados portugueses, vendo que não teriam sucesso se continuassem com aquela estratégia, decidiram abandonar a luta, assinando o armistício do Rio Jacuí, em novembro de 1754.

O jogo virou contra os guaranis um ano depois. Gomes Freire, pelo lado português, mais o governador de Buenos Aires, José de Andonaegui, e agora também o governador de Montevidéu, José Joaquim de Viana, decidiram, em dezembro de 1755, formar um exército conjunto e lutar em frente única. Enquanto isso, pelo lado guarani, os Sete Povos e os povoados pequenos também formaram exército único sob a liderança do capítão Tiaraju.

No entanto, quando no início de fevereiro de 1756 os exércitos dos governadores tentaram tomar São Miguel, os guaranis não os enfrentaram em campo aberto, preferindo resistir lutando em guerrilhas. Num desses enfrentamentos, ocorrido na Serra de Batovi, o governador de Montevidéu matou com sua pistola o capitão Tiaraju. Os guaranis, de imediato, substituíram seu chefe pelo cacique Nicolau Nhanguiru.

A curiosidade nessa troca é que Tiaraju era uma figura mítica, tida como uma espécie de santo, por portar na testa uma cicatriz em forma de estrela, entendida pelos liderados como um tipo de predestinação. Nhanguiru, diferentemente, é um nome que significa "flecha do diabo".

O exército guarani foi cercado finalmente ao pé do Cerro Caibaté, no dia 10 de fevereiro, tendo a tropa unificada dos governadores um total de 2500 homens, superiormente equipados, contra menos de 2000 soldados guaranis. Nesse brutal enfrentamento, foram mortos 1511 soldados de Nhanguiru, incluindo o próprio chefe, e 154 deles foram feitos prisioneiros. Os restantes fugiram para a floresta. Do exército ibérico morreram três soldados espanhóis e um português.

Com o resultado dessa grande batalha, a cidade de São Miguel foi capturada e as demais Reduções se renderam, à exceção de São Lourenço. Um último combate, em Chumiebi, exterminou o que restava do exército dos nativos, os quais continuaram por algum tempo praticando política de terra arrasada, incendiando alguns dos povoados, mas o resultado final foi a transferência das famílias restantes para as regiões já delimitadas, de acordo com o que o Tratado de Madri havia determinado em 1750.

Término. Os acordos de fronteira foram cumpridos?

No dia 8 de junho de 1756 o governador Andonaegui declarou em São Miguel que a vitória sobre os guaranis estava assegurada e a guerra finalizada, dando início à transferência daquelas populações para o lado oeste do Rio Uruguai, território argentino.

Se os nativos foram remanejados conforme o projeto das coroas espanhola e portuguesa, a posse das terras não se resolveu ao fim da trágica Guerra Guaranítica. Os portugueses não estavam satisfeitos com o estabelecimento da fronteira no Rio Jacuí, exigindo estender-se a área mais para o sul. O conflito, porém, só chegou a uma solução por causa do empenho de dois governadores espanhóis, ao lado de apenas um governador português. Os portugueses sentiram-se desfavorecidos e não entregaram a Colônia do Sacramento. Os espanhóis, em resposta, não entregaram a área dos Sete Povos das Missões.

Quanto aos jesuítas, em 1759 o primeiro-ministro de Portugal, Marquês de Pombal, determinou sua expulsão dos domínios portugueses. Como consequência imediata, a educação em toda a colônia do Brasil viu-se completamente desorganizada por mais de uma década, até que em 1772 criou-se oficialmente o ensino estatal, novidade há história do mundo, com professores concursados e contratados pelo poder público. (Vinte anos depois, Condorcet instituiu o modelo na Revolução Francesa.)

A França excluiu os jesuítas de suas colônias em 1762, enquanto que o Rei Carlos III, da Espanha, tomou decisão equivalente em 1767. Para completar esses infortúnios dos jesuítas, o Papa Clemente XIV, pelo breve apostólico *Dominius ac Redemptor*, de 21 de julho de 1773, aboliu a Companhia de Jesus, que só após quatro décadas voltou a ser autorizada pela Santa Sé, o que se deu pelas mãos do Papa Pio VII, em 7 de agosto de 1814.

Rearranjo. Que disse o tratado de 1763?

Após a derrota dos guaranis, Portugal não tinha muito cacife para sustentar suas reivindicações territoriais, uma vez que se envolveu em seguida na Guerra dos Sete Anos, de 1756 a 1763, formando fileira ao lado da Inglaterra, contra o oponente histórico desta, que era a França. As duas potências, França e Inglaterra, disputavam a posse da Silésia, sul da atual Polônia, e também da Índia e das colônias da América do Norte. A França aliou-se à Áustria, à Rússia, à Suécia e, a partir de 1761, à Espanha. Para ajudar a Inglaterra juntaram-se a Prússia e Portugal, e esta coalizão obteve a vitória após o longo conflito.

Em 1761, Carlos III, da Espanha, anulou o Tratado de Madri, substituindo-o pelo *Tratado de El Pardo*. O *Tratado de Paris de 1763* determinou que Portugal manteria a posse da Colônia do Sacramento e a Espanha continuaria com a área dos Sete Povos das Missões. Mas em 1801, na Guerra das Laranjas, os portugueses retomaram esse território.

Derrotando o caudilho José Gervasio Artigas, na Batalha de Taquarembó, em 1821, os brasileiros anexaram o território do Uruguai, dando-lhe o nome de *Província Cisplatina*. Artigas havia integrado como cidadãos comuns os remanescentes das Missões, junto aos mestiços e aos descendentes de espanhóis, mas desprezava quaisquer traços da cultura própria dos nativos.

Em 1825, Juan Antonio Lavalleja iniciou uma luta para retirar as tropas brasileiras do Uruguai, logrando seu intento com a ajuda do exército de Fructuoso Rivera, e no dia 25 de agosto o *Congresso da Flórida* declarou o Uruguai país independente. O Brasil então declarou guerra à Argentina, iniciando um conflito que se estendeu de 1825 a 1828, no que ficou conhecido como *Guerra de Brasil e Buenos Aires*, ou *Guerra Rioplatense*, entre dois novos países que agora eram independentes. Em 27 de agosto de 1828, representantes do Imperador Pedro I, do Brasil, e do governo da República das Províncias Unidas do Rio da Prata firmaram a *Convenção Preliminar de Paz*, na qual o Brasil desistia da Província Cisplatina e aceitava encerrar a guerra. A fronteira estabelecia-se mais ao sul, no Rio Quaraí, e não mais no Rio Ibicuí.

Possibilidades. Havia alguma chance para independência do território guarani?

Percebendo que o Tratado de Madri usava as Reduções como moeda de troca entre as duas coroas ibéricas, os guaranis passaram a ver como um segundo grande inimigo o reino da Espanha, que durante um século e meio atuou como protetor, frente ao primeiro grande inimigo, que eram os bandeirantes. Enfrentando Portugal e Espanha ao mesmo tempo, a única perspectiva para o território das Missões guaranis era a independência, já que a guerra contra o colonizador espanhol o afastaria da chance, então remota, de desistir da entrega da área ao governo português. E essa desistência foi o que de fato ocorreu depois de todo o massacre.

Ver os "indígenas" como crianças crescidas, não como pessoas capazes de decisão própria, impediu os governos ibéricos de cogitar alguma negociação visando à independência daquele território, que já estava muito desenvolvido para os padrões da época, graças ao empenho dos jesuítas, que ajudaram os nativos a preservar sua cultura enquanto traziam a eles os avanços da civilização europeia.

O domínio e a boa atuação no cultivo de artes como Arquitetura, Pintura, Escultura, Música, Poesia, Culinária, Cerâmica, Luthieria e Indumentária, além da adaptação nas profissões agrícolas e artesanais, dava aos guaranis toda a estrutura necessária para gerir tanto a área dos Sete Povos como a de toda a região das Missões na qualidade de país independente, culto e atualizado. Para formar quadros de nível superior, além dos sacerdotes vindos da Europa, bastaria o envio de certo número de jovens para estudar nas universidades ibéricas. Em pouco tempo haveria escolas de ensino médio e de nível superior nas principais cidades das Missões. Mas os governos europeus não chegaram nem a temer essa possibilidade, porque isso não estava no horizonte de sua visão.

Tudo teria sido diferente se tivéssemos sido vistos como descendentes de povos do Extremo Oriente. Houvessem os europeus visto a nós como dignos de respeito, teríamos sido vistos como indivíduos dignos de ser convidados à mesa de negociação.

Haveria apenas um ponto negativo: a teocracia. Estávamos ainda algumas décadas atrás da Revolução Francesa, que instalou a separação Estado-religião, trinta anos após a tentativa feita pelo Marquês de Pombal em Portugal. Os jesuítas, antes vistos como elementos essenciais no trabalho de domar as "crianças" do novo mundo, passaram a ser encarados como um mal a extirpar, depois da Guerra Guaranítica. Se os nativos tutelados rebelaram-se como se adultos fossem, os europeus não viam outra explicação senão a forma de educação que os sacerdotes ministravam, levando aos guaranis a crença de que podiam ser iguais aos colonizadores, em direito, em poder militar e em poder político.

Independências. A Guerra Guaranítica instigou a independência argentina?

Os jesuítas estiveram em desgraça, com atividade religiosa proibida, até a restauração decretada por Pio VII, quatro meses depois de Napoleão ter sido destituído na França e em meio às tratativas de retorno da linhagem monárquica dos Bourbon, na pessoa de Luís XVIII. O poder maçônico, anticlerical, iniciado com o Marquês de Pombal em Lisboa, em 1755, parecia estar encerrado agora, com a queda de Napoleão, em 1814. Sob esse modo de ver as coisas é que a Santa Sé autorizou a volta da Companhia de Jesus, mas o mundo agora já era muito diferente, com alguns países independentes nas Américas e com espaços muito mais restritos para a atuação dos jesuítas.

Sim, o custo da Guerra Guaranítica para as coroas ibéricas foi muito mais alto que as baixas e as despesas materiais. Os exércitos de Montevidéu e Buenos Aires, assim como o de Gomes Freire, eram formados por grande proporção de colonos nascidos no Novo Mundo. Nas batalhas contra os nativos, como também já havia ocorrido na América do Norte, esses soldados descobriram que tinham estofo para confrontar os governantes europeus. Eles e os nativos eram filhos da mesma terra, embora com alguma diferença de sangue. Dizimar irmãos filhos do mesmo pedaço de chão para garantir o poder de reis europeus não parecia um negócio muito sensato.

Os filhos dos Estados Unidos rebelaram-se em 1775, confeccionando sua declaração de independência frente à Inglaterra no ano seguinte. Em 1810, 35 anos depois, foi a vez de os exércitos platenses rebelarem-se contra a coroa espanhola, obtendo a independência das Províncias Unidas do Rio da Prata, que veio a ser a Argentina.

Escatologia. Que vem a ser a "terra sem males"?

A promessa divina do Paraíso Terrestre faz parte da tradição guarani desde tempos milenares. Após o contato com a teologia cristã, alguma adaptação foi feita a essa crença nativa, de modo que hoje é difícil saber o que há de original e o que há de mistura. Trata-se do mito da *Ivy marã ei* ("terra sem males"), na qual os indígenas poderão entrar em vida, sem antes ter de morrer e ressuscitar.

Lá, as lavouras crescem e vicejam sem que alguém tenha de arar a terra e semear. A farinha de mandioca, o beiju, as carnes, o mel e outros alimentos já vêm prontos para serem comidos. Não há morte, nem dor, nem tristeza.

Alguns pajés diziam ter visto em sonho a localização exata dessa terra, e conclamavam as famílias a saírem em busca dela. Atravessando rios e cachoeiras pelos sertões bravios, lutando contra tribos hostis e contraindo moléstias, muitos grupos indígenas partiram para não mais voltar, sem ter alcançado nada parecido com o que lhes havia sido prometido. Muitos dizem que é necessário caminhar para o leste, outros, para o oeste, não havendo consenso neste ponto.

Como o mito alcançava também as tribos tupis, contam que um grupo de 12.000 indígenas partiu da costa nordeste do Brasil em busca dessa terra, em 1539, chegando ao Peru anos mais tarde apenas um grupo de 300 pessoas, que foram as que restaram vivas.

A interferência do relato bíblico pode ter influenciado a explicação que segue, sobre o surgimento desse lugar. Um dia Nhanderu ("Nosso Pai"), que corresponde a Javé, decidiu destruir a humanidade, por causa da iniquidade que se espalhou por todos os cantos. Mas havia um homem justo, que o Criador decidiu preservar. Este era Guiraypoty ("camarão do rio do pássaro"), que corresponde a Noé. Nhanderu o orientou a construir uma casa usando taquara e outros materiais leves. Quando veio a grande inundação a casa de Guiraypoty flutuou e ele, sempre dentro dela, navegou durante dias até chegar à terra sem males. Ele é o mensageiro que trouxe a notícia da existência desse lugar e também a promessa do Criador de que um dia as pessoas viverão lá, sem guerra, fome, doença, envelhecimento, ignorância, depressão, crimes ou prisões.

8.
Batalhas no norte

Restam 135 línguas nativas nos Estados Unidos, que são faladas por pouco mais de 370.000 habitantes. Muitas dessas línguas contam hoje com pouquíssimos falantes e estão em vias de desaparecer, dado que os jovens praticam o inglês e expressam-se com dificuldade na língua dos ancestrais.

Em 1975 o país aprovou a Lei de Autodeterminação do Índio e de Assistência à Educação, que garantiu o estabelecimento de governos autônomos nas reservas, respondendo diretamente ao governo federal.

Esses governos dos povos nativos, do mesmo modo que os governos estaduais, não têm direito de declarar guerra, de firmar relações independentes com governos estrangeiros nem de cunhar ou imprimir moeda. O total de governos tribais oficialmente reconhecidos é de 562, espalhados por diversas reservas em vários dos Estados da federação.

Diferentemente dos nativos da América do Sul, que, em sua maior parte, residia em ocas, que eram casas feitas de madeira e palha, os ameríndios do norte, quando da chegada dos europeus, abrigavam-se em tendas pontiagudas, feitas de peles de animais.

Colonização. Britânicos tiveram boa acolhida na Virgínia?

Os britânicos vieram para a América no início do século XVII, muito depois dos ibéricos, que haviam chegado no fim do século XV. Em 1607 as primeiras famílias inglesas estabeleceram assentamentos em Tsenacommacah, atual Estado da Virgínia, com a anuência dos nativos da região, do povo Powhatan, liderados pelo chefe Wahunsunacock, que era o pai de Pocahontas.

Essa jovem nativa, nascida em 1595, teve papel parecido com o exercido algumas décadas antes em São Paulo por Bartira, a filha do chefe Tibiriçá, que se casou com um europeu e teve vários descendentes. Pocahontas, que era também chamada Matoaka, cresceu brincando com os filhos dos colonos e tinha bom trânsito entre os dois povos, nativos e imigrantes. Em 1608 guerreiros powhatans aprisionaram o líder da colônia, capitão John Smith, e os colonos pediram a ela que intercedesse em favor do europeu. Ela o fez, e salvou a vida do capitão. Tempos depois, um dos colonos, John Rolfe, passou a namorá-la. Pediu autorização ao então governador Sir Thomas Dale para casar-se com ela, e foi atendido. Batizada, ela recebeu o nome cristão de Rebeca. Levada para conhecer a Inglaterra, e falar com o casal real, lá ela contraiu varíola e morreu.

A língua falada pela tribo era o algonquiano e a população no ano da chegada dos europeus, 1607, era de aproximadamente 20 mil pessoas, espalhadas por 30 tribos, das quais restam hoje cerca de quatro mil indivíduos. Ocupavam não só o leste da Virgínia, mas também parte do atual Estado de Maryland. Cada uma dessas tribos tinha seu líder, mas todas pagavam tributo ao chefe powhatan, que era Wahunsunacock, mantendo-se aí um Estado federativo desenvolvido no fim do século XVI.

Com a morte de Wahunsunacock, em 1618, seu irmão Opchanacanough passou a governar a nação powhatan. Ao contrário do irmão mais velho, o novo chefe era hostil aos colonos britânicos e iniciou tratativas para que estes abandonassem a região. Um dos motivos é que muitos nativos tinham morrido, principalmente crianças, atacados por doenças contagiosas trazidas pelos europeus, e contra as quais não tinham nenhuma imunidade, como era o caso da rubéola e do sarampo. Na visão dos nativos, algo de muito errado esses novos habitantes estavam trazendo, pois os filhos dos nativos morriam e os dos colonos sobreviviam. Essa mesma motivação deve ter levado Pikeroby a suas ações bélicas um século antes em São Paulo.

O novo chefe powhatan desferiu dois fortes ataques contra os europeus, um em 1622, outro em 1644, mas os colonos, com melhores armamentos e munições, levaram vantagem. O resultado foi que neste segundo embate os ingleses dizimaram a nação powhatan, quase a levando à extinção.

Em 1620, dois anos antes do primeiro ataque do chefe powhatan na Virginia, foi a vez de os britânicos instalarem sua colônia na costa de Massachussetts, fundando a povoação que viria a ser depois a cidade de Plymouth. Os europeus que se estabeleceram ali precisavam ampliar sua área de atuação, com novas terras para agricultura, caça e extrativismo. Assim, em 1625 apresentaram sua intenção de ocupar uma área em Pemaquid, de cerca de 5.000 hectares. Os nativos da tribo abenáki, também do ramo linguístico alconquiano, viam aquelas terras como "propriedade do Grande Espírito", mas o chefe Samoset cedeu à pretensão dos colonos, como política de boa vizinhança, e firmou o acordo, desenhando um sinal numa folha de papel que os ingleses lhe trouxeram. Esse ano de 1625 marca a primeira cessão oficial de terras dos nativos para colonos britânicos na América do Norte.

A situação dos europeus foi muito mais complicada na Nova Holanda, atual Nova Iorque. O governador-geral da colônia, o holandês Willem Kieft, enviou em 1643 um destacamento militar para punir os moicanos pela atitude não colaborativa deles. Certamente Kieft tinha conhecimento do feliz acordo de Plymouth entre ingleses e abenákis. Nessa investida holandesa, quatro moicanos foram mortos. Como resposta, os nativos mataram quatro soldados dos colonos. Os holandeses então montaram um plano de guerra total. Surpreendendo os povoados nativos na alta madrugada, os soldados invadiram as tendas e mataram a golpes de baionetas homens, mulheres e crianças, indiscriminadamente. As hostilidades estenderam-se até 1645, vendo-se aí exterminada a nação dos moicanos.

Essas ações genocidas do governador tiveram uma péssima acolhida na corte, que o substituiu em 1647 por Peter Stuyvesant. De volta à Europa para ser julgado, Kieft morreu num naufrágio, no dia 27 de setembro do mesmo ano, na costa do País de Gales.

Phillip. Que ação dos ingleses contra nativos revoltou o chefe Phillip?

Por volta de 1619 outra federação de tribos, a dos wampanoag, que viviam ao sul de Massachussetts e a leste de Rhode Island, sofreu uma epidemia de varíola que quase eliminou toda a população. Alguns estudiosos atuais acham que a doença tinha mais característica de leptospirose que de varíola. Pelo cultivo de milho e feijão, formavam um povo em boa situação financeira para os padrões da época. Mas aquela mortandade abriu espaço para os ingleses ocuparem terras nessas áreas antes ocupadas pelos muitos milhares de nativos.

O chefe Massasoit tinha grande amizade pelos peregrinos do Mayflower, de modo que seu segundo filho, Metacom, adotou um codinome bíblico, aprendido com os ingleses: Phillip. Quando Phillip sucedeu seu irmão mais velho, em 1662, iniciou um período de hostilidades frente aos colonos. Em 1671 os colonos obrigaram seus homens a entregar suas armas de fogo e forçou-o a assinar um tratado de paz. Em 1675 alguns de seus homens assassinaram um nativo aliado à colônia de Plymouth, e, por punição, os ingleses dali enforcaram três wampanoags. Phillip, então chamado Rei Phillip, costurou uma aliança com o chefe Narragansett, agregando vasto número de tribos, para atacar as colônias inglesas.

Ao longo do conflito, quase todas as povoações dos nativos foram destruídas. Rei Phillip então fugiu para o Monte Hope, mas foi apanhado e morto por soldados dos colonos, o mesmo ocorrendo a seu aliado Narragansett. Mesmo com a morte do chefe, ingleses e nativos continuaram a guerra, que só foi encerrada com o Tratado da Baía Casco, em 1678. A chamada *Guerra do Rei Phillip* é tida pelos historiadores como o embate mais devastador entre colonos ingleses e nativos dos Estados Unidos durante os tempos coloniais.

Marcha. Em que fase da História a ocupação do "Velho Oeste Americano" motivou os conflitos com os nativos?

Os próximos grandes conflitos entre nativos e colonos ocorreram depois da independência das treze colônias do leste e a fase de expansão territorial conhecida como ocupação do "Velho Oeste Americano".

Após a Independência, em 1776, os ex-colonos britânicos, agora cidadãos ianques, oficialmente "americanos dos Estados Unidos" (*US-Americans*), iniciaram sua expansão para o oeste sem enfrentar muitas significativas resistências, nem dos espanhóis, nem dos nativos, já que havia um território muito vasto, ante um contingente pequeno de colonos ibéricos para ocupá-lo. Quanto às possessões francesas, a Guerra dos Sete Anos resultou em vitória para os ingleses, ajudados pelos portugueses, de modo que pelo *Tratado de*

Paris de 1763 as terras antes ocupadas pela França na América do Norte foram declaradas possessões britânicas. Por um acordo posterior, a população do Quebec, no Canadá, obteve o direito de manter a língua e os costumes franceses, desde que continuassem a aceitar o domínio inglês, situação que subsiste no início do século XXI.

Também a Luisiana, parte da Nova França, no sul dos Estados Unidos, tornou-se colônia inglesa a partir de 1763, e persistiu praticando a língua francesa paralelamente ao inglês até que no começo do século XX uma determinação do governo federal proibiu o ensino primário francófono, fazendo com que a juventude escolarizada do Estado passasse a falar exclusivamente o inglês. No ano de 1800 Napoleão Bonaparte pressionou a Espanha a retomar para a França a colônia de Louisiana, que só voltou a pertencer aos Estados Unidos em 1803, mediante indenização de 15 milhões de dólares.

Os grandes conflitos com nativos por força da ocupação do Oeste iniciaram-se durante a *Guerra Anglo-Americana*, de 1812, quando os ingleses tentaram retomar o território dos Estados Unidos como colônia.

Tecumseh. Que vantagem o chefe Tecumseh vislumbrava ao aliar-se aos ingleses em 1812?

Os nativos viram uma oportunidade de vingar-se das incursões dos ianques e, formando uma confederação abrangendo oeste e sul, aliaram-se aos ingleses, na esperança de que estes voltassem a administrar as colônias do leste, deixando o velho oeste em paz. Algo que não é muito lembrado nos Estados Unidos é que a nova capital, Washington, então com 14 anos, foi incendiada e destruída nessa guerra, que é também chamada de *Guerra de Tecumseh*.

O chefe Tecumseh ("Estrela Fugaz'), nascido em 1768, em Ohio, aos 21 anos passou a liderar sua tribo, do povo shawnee. Em 1808 ele ampliou sua área de influência, construindo a grande Confederação de Tecumseh, unindo tribos de várias etnias e línguas. Nesse ano, ele fundou, junto com seu irmão Tenskwatawa, apelidado "o Profeta", no lugar onde hoje está Lafayette, Indiana, a cidade indígena de Prophetstown, que se tornou a capital do que deveria ser, de acordo com suas perspectivas, um grande Estado formado por nativos, abrangendo territórios do sul dos Estados Unidos, do noroeste e da área leste do Rio Mississipi, contando com apoio dos ingleses, que já enxergavam vantagem na aliança. Foi assim que os ingleses, com a retaguarda oeste das nações confederadas sob o comando de Tecumseh, e o envolvimento também de várias províncias do Canadá, desfecharam no dia 18 de junho de 1812 contra os Estados Unidos da América o ataque que buscava a reconquista das colônias.

A guerra se estendeu até 18 de fevereiro de 1815, embora o Tratado de Ghent, declarando a paz, tenha sido assinado em 24 de dezembro de 1814.

Havia, no início de 1812, dois tipos de divisão entre as autoridades dos Estados Unidos. De um lado, muitos passaram a admirar a Revolução Francesa, formando o grupo dos Republicanos, que queriam um Estado unitário, como o da França. Do outro, consolidava-se o grupo dos Federalistas, que trabalhavam pelo fortalecimento dos Estados-membros. A outra divisão era ainda mais preocupante: Estados do sul continuavam a comercializar produtos com os ingleses, atendendo à decretação de bloqueio feita pelo governo britânico em represália à política expansionista de Napoleão Bonaparte.

Os ingleses, através das províncias do Canadá e de sua aliança com a Confederação de Tecumseh, tentavam forçar os Estados do norte a abandonar o comércio com a França e reabrir espaço para os negócios britânicos.

Ante a notícia de que navios ingleses vinham aprisionando barcos americanos em alto mar, o Presidente James Madison pediu ao Congresso autorização para iniciar a guerra. Os Federalistas ofereceram resistência, de início, mas o resultado da votação foi favorável à proposta presidencial.

Enfrentando ao mesmo tempo os ingleses que vinham do Canadá, a armada britânica que chegava pelo mar e o exército dos nativos de Tecumseh, vindos do Michigan, as forças dos Estados Unidos encontraram dificuldades além do previsto para manter-se em vantagem. Do contrário, o Canadá poderia, muito provavelmente, ter sido incorporado, ou ganhado cacife para declarar independência completa frente à coroa britânica.

Já no início do conflito, o exército de Tecumseh e as forças britânicas tomaram Fort Detroit. A marinha dos Estados Unidos, em represália, tomou o controle do Lago Erie, em 1813, forçando a aliança britânico-indígena a se retirar para o Canadá. Logo a aliança foi atacada ali mesmo pelos Estados Unidos e, na *Batalha dos Thames*, Tecumseh foi morto, em 5 de outubro daquele ano.

Sem Tecumseh, a situação parecia mais favorável às tropas dos Estados Unidos no início de 2014. Porém, após a queda de Napoleão, em abril, e seu confinamento na Ilha de Elba, os britânicos sentiram-se mais fortalecidos para intensificar o confronto com as ex-colônias. Perto do fim do ano, deu-se o desembarque de um exército de 4.000 homens em Benedictine. Os soldados que tentaram impedir o avanço dessas tropas foram derrotados em Bladensburg. Com isso os ingleses dominaram Washington-DC, incendiando a Casa Branca, a Biblioteca do Congresso e muitos outros edifícios públicos, além de casas particulares.

Depois de estabelecida a paz, com o reconhecimento da ausência de vitória para britânicos e americanos, os Estados Unidos reconstruíram a capital, melhorando a arquitetura dos prédios públicos, a começar pela Casa Branca, e nutrindo mais fortemente o orgulho nacional.

A Confederação de Tecumseh foi desmontada e as tribos que participaram dela deslocaram-se para regiões mais a oeste, abandonando o leste do Mississipi. Intensificaram-se as ocupações de terras dos nativos por fazendeiros ianques desde então. Tecumseh segue venerado como herói pelos nativos, tanto dos Estados Unidos quanto do Canadá.

Jackson. Onde ocorreu a batalha que transformou Jacksn em herói nacional?

O general de maior destaque na Guerra de Tecumseh, embora não tenha enfrentado diretamente aquele chefe, por questões geográficas, foi Andrew Jackson, que em 1829 tornou-se o sétimo presidente dos Estados Unidos, reelegendo-se em 1832 para um segundo mandato quadrienal, até 1837.

Em 1813, influenciados pela Confederação de Tecumseh, os nativos creeks, do Alabama, criaram uma federação, juntando-se à tribo clava vermelha (Red Stick). Respondendo à expansão de fazendeiros, deram início à *Guerra Creek*, que, como a Guerra de Tecumseh, recebeu apoio inglês. A tribo clava vermelha também ajudou o Almirante Cochrane a avançar sobre Nova Orleans. Com a derrota de Cochrane, o conflito foi encerrado com o *Tratado de Fort Jackson*, de agosto de 1814, em que o General Andrew Jackson obrigou a Federação Creek a entregar-lhe uma área de mais de 8,5 milhões de hectares de terras, abrangendo o Alabama e o sul da Georgia. Com a vitória sobre os ingleses em Nova Orleans, Jackson tornou-se um herói nacional, o que lhe deu cacife para chegar à presidência. Como reconhecimento por sua bravura, o Congresso Nacional entregou-lhe uma medalha de ouro, em fevereiro de 1815.

Entre 1816 e 1818 Jackson empreendeu uma campanha militar de alta eficácia para tomar a Flórida da Espanha. A estratégia consistiu em derrotar a tribo seminole, que mantinha o controle da área. Em diferentes fases e locais, também foram vítimas de Jackson os nativos das tribos crocktaw, chickasaw e cherokee.

Advogado nascido no Tenessee, o General Andrew Jackson, apelidado Old Hickory (Velha Nogueira), foi o primeiro presidente nascido fora das treze colônias originais, e foi também o primeiro presidente do Partido Democrata, pois, em seu mandato os Republicanos dividiram-se em Republicanos Democratas, sua corrente, e Republicanos Nacionais, de oposição a ele. Autoritário e demagógico, tentou abolir o colégio eleitoral e tinha pouco apreço pelas decisões do Congresso Nacional, usando seu poder de veto com inusitada frequência.

Foi durante seu mandato, mediante lei de 1830, que essas tribos por ele derrotadas viram-se confinadas em uma reserva a oeste do Rio Mississípi. Mas no ano seguinte, 1831, nasceria em Dakota do Sul um homem da tribo sioux hunkpapa destinado a fazer história na luta de resistência à ocupação de terras pelos eurodescendentes: Touro Sentado.

Em 1834, ainda sob o governo Jackson, o Congresso aprovou a "Lei de Regulação do Comércio, Relações com as Tribos Indígenas e

Manutenção da Paz nas Fronteiras". Essa legislação determinava que o território situado entre o oeste do Mississípi e os Estados de Missouri, Luisiana e Arkansas eram propriedade indígena, vedada a entrada nele de qualquer branco sem a autorização expressa do Exército. Colonos já haviam seguido para o oeste e criado os Estados de Iowa e Wisconsin, o que levou o governo a remarcar as fronteiras do território indígena, fazendo-o ir do Rio Mississípi até o Meridiano 95°. Vários postos do Exército foram erguidos ao longo dos Rios Mississípi, Missouri, Arkansas e Vermelho, além do Fort Jesup,.na Luisiana.

Durante o exercício da presidência, Jackson visitou na prisão um dos grandes guerreiros nativos, *Falcão Negro* (Black Hawk), nascido em Illinois, na tribo sauk, da qual não chegou a ser chefe, mas que dirigiu em batalhas na Guerra Anglo-Americana, ao lado dos ingleses. Ele viveu de 1767 a 1838 e, por recusar-se a mover sua tribo das margens do Mississípi, empreendeu em 1932 contra o Exército dos Estados Unidos a *Guerra de Falcão Negro*, quando foi derrotado e preso após meses de conflito, mesmo tendo sido ajudado pelas tribos fox, winnebago e kickapoo. Escreveu depois sua autobiografia, que lançou em 1833. Depois de ter recebido a visita presidencial, foi convencido a fazer viagens pelo interior do país, em barcos do Exército, com o objetivo de tentar convencer nativos das diversas regiões a evitar entrar em choque com o governo dos Estados Unidos, uma vez que essas lutas não tinham outro resultado se não a derrota, independentemente do tempo que durassem.

Nesse meio tempo, em 1835, quatro mineiros penetraram secretamente nas montanhas sagradas da tribo lakota, ou *sioux teton lakota*, em busca de ouro. Assim que foram descobertos pelos nativos, um destacamento de guerreiros os atacou, deixando um saldo de três mortos. O que escapou escreveu numa folha de papel: "Todos foram mortos, menos eu". Esses mineiros não obtiveram sucesso em sua empreitada, mas foram os pioneiros da corrida ao ouro na área das Montanhas Negras ("Black Hills'), em Dakota do Sul.

Ouro. Em que ano deu-se a culminação da "Corrida ao Ouro"? Andrew Jackson encerrou sua passagem pela Casa Branca em

1837, mas não viu declinar ali sua influência sobre os rumos dos Estados Unidos. Além de eleger seu sucessor, Martin Van Buren, continuou a formular políticas nacionais, como a proposta de anexação da República do Texas, o que veio a ocorrer em 1845, por escolha dos texanos, independentes do México desde 1836. Seu desenho de confinamento dos nativos, em territórios protegidos pelo Exército, que não atrapalhassem a marcha para o oeste, consolidou-se como consenso nacional entre os descendentes de britânicos e também de holandeses, como era o caso de Van Buren, um filho de comerciantes do Estado de Nova Iorque. Já no segundo ano do mandato deste novo presidente, o oitavo do país, em 1838, o início da exploração do ouro nas terras dos cherokees, em Oklahoma, levou ao confinamento dessa tribo, sob vigilância do General Winfield Scott.

A abertura do Trilha do Óregon, em 1842, passando por territórios de nativos, inaugurou uma nova fase da expansão, que teve seu ponto alto em janeiro de 1848, na explosão da "Corrida do Ouro" na Califórnia.

Um mês depois, fevereiro de 1848, foi firmado o *Tratado de Guadalupe Hidalgo*, que encerrava a guerra entre México e Estados Unidos, com o primeiro transferindo para o segundo, na chamada Cessão Mexicana, grandes porções do que veio a ser conhecido como *Velho Oeste Americano*

Depois da discreta Corrida do Ouro na Geórgia, iniciada em 1829, foi a vez da descoberta do minério em Sutter's Mill, Sierra Nevada, distrito de Coloma, município de El Dorado, Califórnia, pelo explorador James W. Marshall. Dessa vez não foram só os habitantes dos Estados Unidos, mas também de muitos outros países, que chegavam em grandes caravanas, depois de atravessar territórios indígenas. Calcula-se em 300 mil o número desses novos habitantes, congregando garimpeiros e seus familiares juntamente com outros aventureiros em busca de negócios com os que, felizardos, prospectassem alguma pepita.

Os que vieram por terra, a partir do leste e também do Óregon, enfrentaram resistência dos nativos, mas a perspectiva de enriquecer com a garimpagem de ouro levou-os a promover matanças e expulsões e seguir em frente, rumo a El Dorado. Estes ficaram conhecidos como os "forty-niners", os "de 49", em referência ao ano em que se deu o maior fluxo, que durou até 1855.

Aproximadamente metade daquele contingente chegou à Califórnia por mar, o que incluía latino-americanos, havaianos e até chineses. Já no ano de 1850 a Califórnia transformou-se em Estado, o 31º da União, sem passar pela fase de território federal.

Grande parte desses garimpeiros estava imbuída da crença no *Destino Manifesto*, uma doutrina lançada em editorial de jornal de Washington-DC pelo editor John Louis O'Sullivan, em 1845, como base de apoio à proposta de anexação do Texas e do Óregon, com autoria provável do colunista Jane Cazneau, e que defendia que os Estados Unidos tinham a missão de civilizar o continente, por determinação divina, redimindo o oeste e dando exemplo ao Velho Mundo. O'Sullivan, filho de diplomatas, foi mais tarde embaixador em Portugal ("US Minister to Portugal"), entre 1853 e 1857. Nos anos da febre do ouro, e por mais duas décadas, o Partido Democrata abraçou a causa pregada por ele, embora no Partido Republicano vários nomes importantes a tenham contestado, como foi o caso de Abraham Lincoln e Ulysses S. Grant. Muitos creem que a ideia do "excepcionalismo americano" é um subproduto da doutrina do "Destino Manifesto".

Como resultado dos inúmeros conflitos entre indígenas e pioneiros que rumavam para o oeste, o governo dos Estados Unidos firmou em setembro de 1851 o *Tratado de Fort Laramie*, com representantes das nações sioux, cheyenne, arapaho, crow, mandan, hidatsa e arikara, ao lado do Rio Laramie, Estado do Wyoming, determinando a demarcação de territórios indígenas que estariam livres de invasão ou ocupação de colonos, com garantia de passagens como a da Trilha do Óregon e permissão para a construção de rodovias que o governo achasse necessárias, por onde transitariam cidadãos ianques sem risco de ataques por parte de nativos. Um segundo Tratado de Fort Laramie foi assinado após a Guerra de Secessão, em 1868, com os povos sioux, arapaho, lakota e outros, e neste o governo comprometia-se a fornecer incentivos para a agricultura, educação em língua inglesa e também a alocação dentro das reservas de profissionais eurodescendentes, como professores, ferreiros, agricultores, engenheiros, moleiros e funcionários federais. Foi garantida também neste segundo tratado a posse da área sagrada das Montanhas Negras à tribo lakota.

Pré-guerra. Como estava a tribo navajo às vésperas da Guerra de Secessão?

Em novembro de 1860 Abraham Lincoln foi eleito presidente e já no mês seguinte, em 20 de dezembro, o Estado da Carolina do Sul declarou-se separado da União, dando o primeiro sinal para a Guerra de Secessão (1861-1865). Por esse tempo o governo via como resolvidos os conflitos com algumas tribos, chamando de "As Cinco Tribos Civilizadas" os cherokees, os choclaws, os creeks, os chickasaws e os seminoles. Mas os sioux, a maior nação indígena do país, e muitos outros povos nativos estavam longe de alcançar a paz com os pioneiros e o governo.

A tribo *sioux santee*, liderada por Corvo Pequeno, tinha sua base no Estado de Minnesota, que em 1858 alargou suas fronteiras para mais de cem quilômetros a oeste. Corvo Pequeno havia decidido que não assinaria mais nenhuma cessão de território, mas tinha claro que seus homens não tinham poder para enfrentar tropas federais se houvesse um confronto. Em meio à situação de desolação que os nativos viviam, o Congresso aprovou em 1860 a lei chamada "Pre-Emption Bill", declarando "terras livres" no oeste muitos territórios ocupados por indígenas e cobiçados por colonos.

A tribo *sioux teton oglala*, ou lakota, era liderada por Nuvem Vermelha, que após a Guerra de Secessão travou uma série de lutas ferozes com tropas federais. À nação sioux teton pertencia também o ramo hunkpapa, que veio a fazer história por sua bravura na defesa das terras dos nativos.

A tribo *sioux nakota*, ou sioux yankton, que tem o grupo assiniboine como o mais conhecido, aparentado ao grupo stoney, do Canadá, considerava resolvidos seus problemas de terras depois da assinatura do primeiro Tratado de Fort Laramie. A situação diferia muito daquela dos outros dois grandes ramos sioux, o santee e o teton. Também a tribo cheyenne, que em sua fração norte dividia territórios com a nação sioux, buscava aliança com a tribo sioux teton para enfrentar os invasores de suas terras. O ramo sul da tribo cheyenne, do River Platte, confiava na preparação de seus jovens chefes Nariz Afilado e Touro Alto.

Nas planícies do sul os comanches estavam espalhados em muitas comunidades pequenas, mas tinham como grande chefe guerreiro o líder Dez Ursos, além de sagrarem uma aliança com a tribo kiowa, que tinha entre seus chefes guerreiros Lobo Solitário, Satanta ("Urso Branco") e Pássaro Lançador.

Os apaches chiricahua contavam, a partir de 1858, com a chefia do líder apelidado pelos mexicanos de Gerônimo, que lutava tanto contra tropas mexicanas quanto contra tropas dos Estados Unidos.

A tribo navajo, dirigida por Manuelito, tinha sido aculturada pelos espanhóis e viviam agora da agricultura e da pecuária, sem representar motivo de preocupação para o governo dos Estados Unidos. Enquanto isso, também a tribo ute tinha sido não só pacificada como transformada em aliada do governo.

Secessão. Que apoio os confederados esperavam no conflito?

Ainda sob os efeitos vertiginosos da fase da febre do ouro, que acirrou os embates com numerosas tribos nativas, não foram esses conflitos que levaram os Estados Unidos a travar a maior das guerras do continente americano em toda a sua história. A *Guerra de Secessão*, iniciada em 12 de abril de 1861, quando tropas confederadas tomaram *Fort Sumter*, na Carolina do Sul, teve por motivação a decisão de manter a escravidão negra, por parte de um grupo de Estados do sul do país.

Eleito, o Presidente Lincoln tinha deixado claro seu propósito de impedir o avanço da escravidão nos Estados Unidos, conforme a plataforma eleitoral do Partido Republicano. Os Estados do sul, região mais agrária, logo começaram a rebelar-se contra essa perspectiva e decidiram criar os Estados Confederados da América, inicialmente com sete Estados, no dia 4 de março de 1861, antes da posse do novo presidente. James Buchanan, presidente democrata, ainda no cargo, declarou ilegal a formação da confederação, que meses depois instituiu a cidade de Richmond, Virgínia, como sua capital. Washington-DC, cidade artificial então com 61 anos, 47 anos passados de sua reconstrução após ser destruída pelos ingleses, não era ainda uma capital consolidada, com status histórico, já que isso demanda mais de um século.

O padrão ouro, iniciado em 1789 como bimetalismo ouro-prata e consolidado no ouro em 1850 pela escassez da prata, servia para impedir a inflação da nova capital, mas não coibia carestia, alta de juros e restrição de crédito. No entanto, a possibilidade do fim da mão de obra escrava era a ponta visível do problema econômico no entendimento dos que pretendiam manter o sistema.

Lincoln afirmou que não aceitaria iniciar nenhuma guerra, mas a tomada do Fort Sumter levou-o a convocar tropas dos Estados para a retomada do local. A União retomou o forte, mas o desenrolar do combate agregou ao grupo confederado mais quatro Estados do sul: Virgínia, Arkansas, Tenessee e Carolina do Norte. Estes se juntaram aos rebelados iniciais Carolina do Sul, Mississípi, Flórida, Alabama, Geórgia, Luisiana e Texas. Aliaram-se como Estados do sul, mas, geograficamente, eles situam-se no sudeste do país. No norte e no oeste, por essa época, a escravidão já estava proibida em vários Estados, e os negros livres participaram da guerra contra o sul tanto pelos propósitos da União quanto pelo interesse humanitário de libertar da servidão os irmãos originários da África Subsaariana.

Os confederados fortaleciam-se sob a crença de que os europeus interviriam em seu favor, dado que precisavam do algodão que produziam. No entanto, durante os quatro anos do conflito esse apoio nunca ocorreu.

Quase no final de 1862 os confederados foram derrotados na *Batalha de Antietam*, em Maryland, e isso levou Lincoln a editar a *Proclamação de Emancipação*, segundo a qual o fim da guerra, caso a União saísse vitoriosa, teria de resultar em abolição da escravidão.

Compondo a União, e lutando contra os onze Estados confederados estavam 22 Estados e sete territórios, situados ao norte e ao oeste. A luta era claramente desigual e a derrota de Richmond para Washington-DC era só uma questão de tempo. Após o resultado da Batalha de Antietam, os confederados poderiam ter percebido que suas chances eram pequenas, rendendo-se ao lado mais forte. Mas o aumento de sete para onze Estados antes do desfecho daquele episódio deu-lhes esperança de que continuariam a expandir-se, o que tampouco se verificou. E a luta continuou por mais três anos, até 9 de maio de 1865, com saldo de mais de 800 mil mortos. A rendição do General Robert E. Lee, do exército confederado, ao General Ulysses S. Grant, comandante das tropas da União, deu-se, porém, um mês antes, a 9 de abril, na *Batalha de Appomattox Court House*.

Foram quatro anos de lutas em que a União, contando com os Estados do norte, mais desenvolvidos, destroçaram, palmo a palmo, a marinha e os exércitos dos confederados, deixando, no fim do conflito, um conjunto de onze Estados arrasados em suas economias e infraestruturas, que precisaram ser reconstruídas. No fim do ano de 1865 o Congresso aprovou a 13ª emenda à Constituição, abolindo por completo a escravidão no país. A União ocupou e tutelou os Estados confederados até 1877 e, nesse período, empossou várias pessoas negras em posições de comando. Essa atitude do governo acirrou os ânimos e motivou a criação de sociedades secretas contra os negros, como foi o caso da Ku Klux Klan.

Participação. Quantos indígenas estima-se que participaram da Guerra Civil?

Os nativos não estiveram alheios ao palco da guerra civil. A maioria das tribos cherokees, por exemplo, lutou ao lado da União, no início do conflito, trocando de lado logo depois, num erro de cálculo motivado por rixas anteriores com o governo federal, mas também por ter a Guerra de Secessão surpreendido esses nativos em guerra interna, entre seus próprios membros.

O líder rebelde Stand Watie enfrentava o chefe John Ross no início do conflito. Em pouco tempo ele se alinhou aos confederados, obtendo a patente de coronel. John Ross quis manter-se neutro, mas também cedeu aos confederados, aceitando transferir para eles as obrigações do tratado firmado com a União, passando a receber proteção confederada, além de ajuda em gado, ferramentas e outros bens. Em meados de 1862 o Exército da União capturou John Ross, mantendo-o preso até o fim da guerra. Vencido, ele declarou lealdade às tropas da União.

Algumas outras tribos estiveram também divididas, com alguns ramos lutando ao lado dos confederados e outros ao lado da União.

Além dos cherokees, entre as nações de nativos envolvidas na guerra estavam creeks, seminoles, delawares, pequots, powhatans, iroquois, chickasaws, ojibwes, choctaws, lumbees, sênecas, catawbas, potawatômis, oneidas, húrons, mohawks, odawas, osages e kickapoos.

No total, estima-se que 25 mil indígenas participaram da guerra civil.

Pelo menos duas grandes lutas tiveram como palco território indígena. A primeira delas foi a *Batalha de Cabana Creek*, às margens do Rio Grande, em Ohlahoma, em julho de 1863. O segundo e último grande enfrentamento dentro de área indígena ocorreu em local próximo ao da primeira, em setembro de 1864, e terminou em vitória para o lado confederado.

As tribos lumbee, pamunkey, iroquois e powhatan, espalhadas pelos Estados de Vigínia, Carolina do Norte e Pensilvânia, ajudaram as tropas da União de maneiras diversas. Os lumbees, por exemplo, atuaram em guerrilhas, enquanto que os pamunkeys trabalharam como pilotos da força naval. Os powhatans serviram como pilotos fluviais, guias florestais e espiões.

O General Ely S. Parker, um nativo da tribo sêneca, foi quem elaborou os termos da rendição que o General Ulysses S. Grant apresentou ao General Robert E. Lee. Secretário de Grant nos meses finais do conflito, de início Parker teve dificuldade em ver reconhecido seu valor como militar, por não ser um eurodescendente. Mas a guerra, embora seja dito que traz como primeira vítima a verdade, nesse caso teve o mérito de juntar negros, indígenas e brancos numa luta comum, pelo menos entre as forças da União. Nas forças armadas, assim como no mundo das ciências exatas, o pragmatismo tende a prevalecer sobre os preconceitos provinciais e étnicos, fato que debilitou tanto o exército confederado no século XIX como o exército nazista no século XX.

Quando Robert E. Lee, derrotado, declarou estar feliz por ver ali um americano verdadeiro, Parker respondeu: "Somos todos americanos". Esta é uma visão indígena: somos todos filhos do continente americano. Os eurodescendentes e os afrodescendentes foram bem recebidos, e, se houve guerras, isso foi por falta de entendimento e por ganância, porque havia terra para todos.

Contrários. Por que os chickasaws se aliaram aos confederados?

Não só os cherokees avaliaram que teriam vantagem apoiando os confederados. Havia fazendeiros entre membros das nações creek e choctaw que eram proprietários de escravos. Muitos desses não quiseram perder sua mão de obra, que chegava a quase 6.000 servos, e viram um ganho em aliar-se aos Estados confederados, esperando rechaçar a tendência de abolição da escravatura. Também entre os chickasaws, seminoles e catawbas ocorreu essa divisão, com parte dos ramos nativos lutando ao lado dos exércitos sulistas.

Os choctaws também estiveram divididos e os que se alinharam aos confederados lutaram inicialmente com ardor. Jackson McCurtain, um dos chefes daquela nação, atuava no posto de tenente-coronel do Primeiro Batalhão Choctow em Oklahoma. Aos poucos, porém, o entusiasmo dos choctaws foi sendo esvaziado, quando perceberam que o comando confederado não os ajudou financeiramente, deixando-os sem tendas, roupas e mantimentos.

Para os chickasaws, o motivo do alinhamento ao Sul foi a medida de transferência de território, quando o governo federal os levou para áreas que estavam já ocupadas por outras tribos e isso causou conflitos. Como a União não lhes deu proteção frente às tribos inimigas, fizeram aposta na adesão ao exército dos confederados.

Chefes. Após a Guerra Civil, indígenas continuaram sob ataque?

Terminada a Guerra de Secessão, o lado vencedor, a União, ocupou-se em reconstruir a área dos onze Estados do sudeste que haviam lutado para manter a condição servil da população negra. As tribos nativas pareciam estar mais seguras nessa época, mas não se passou muito tempo até que novas investidas sobre territórios indígenas restaurassem a era dos enfrentamentos entre eurodescendentes e "peles vermelhas". Vários generais que se destacaram na guerra civil usaram depois seu tirocínio em lutas contra exércitos indígenas, como foi o caso de Phillip Henry Sheridan, autor da frase "índio bom é índio morto", e do mais famoso de todos, George Armstrong Custer.

Touro Sentado. De todos os chefes que travaram batalhas contra colonos ou contra destacamentos militares do governo federal, o mais notável foi o líder da tribo sioux teton hunkpapa, Touro Sentado (Sitting Bull), que viveu entre os anos 1831 e 1890.

Em 1876, Touro Sentado formou um exército de 3500 homens, unindo ramos sioux e aliados cheyennes, e enfrentou o Sétimo Regimento de Cavalaria Americana, liderado pelo General Custer. Na *Batalha de Little Bighorn*, no dia 25 de junho, infringiu pesada derrota àquele destacamento. Custer, então com 36 anos, já muito famoso por sua atuação na Guerra de Secessão e por suas investidas contra os nativos, foi morto ali, junto com seus dois irmãos.

O Exército dos Estados Unidos usou então todos os esforços disponíveis numa caçada ao chefe sioux. Touro Sentado e seus homens refugiaram-se no Canadá, onde tentaram fixar residência. A Rainha Vitória, no entanto, não aceitou conceder terras a um exército nativo perseguido pelos Estados Unidos, temendo que a presença de Touro Sentado ali instigasse os indígenas locais a enfrentar os súditos da coroa britânica. Em 1881 ele decidiu voltar e entregar-se às forças federais dos Estados Unidos, em ato de rendição.

Tendo derrotado o General Custer, uma lenda da Guerra de Secessão, que obteve sua patente de general de brigada com apenas 23 anos, e recebeu depois uma comenda por bravura, ele próprio, Touro Sentado, por esse feito, tornou-se também uma lenda. É considerado como um dos mais importantes chefes militares da história mundial.

Afastado das guerras, passou a fazer parte do teatro ambulante de Buffalo Bill, com quem viajou por inúmeras cidades do interior do país.

Anos mais tarde, deixou-se envolver pelo líder místico Wovoca, da tribo paiute, que se dizia o novo Jesus Cristo e tinha desenvolvido um ritual chamado "Dança dos Fantasmas". Wovoca convenceu Touro Sentado de que, com sua dança, os indígenas poderiam fazer o chão se abrir e engolir todos os descendentes de imigrantes do Velho Mundo, deixando a terra novamente nas mãos dos nativos.

A adesão de Touro Sentado àquela seita, atraindo com sua notoriedade um número cada vez maior de indígenas, fez com que o governo federal passasse a enxergar na movimentação uma grande ameaça. Mandou um destacamento policial indígena para prendê-lo. Ele resistiu à prisão e, juntamente com seu filho, foi baleado e morto.

Touro Sentado e seu amigo Buffalo Bill

Gerônimo. Depois de Touro Sentado e Tecumseh, o chefe mais notável entre os nativos da América do Norte é o apache Gerônimo, que nasceu em 1829 e morreu em 1909.

Desde cedo ganhou renome em sua tribo como caçador excepcional. Da primeira caça que ele matou, quando adolescente, comeu o coração cru, para garantir que em todas as suas caçadas futuras ele seria bem sucedido. Aos 17 anos ele já havia liderado incursões em território de várias tribos inimigas.

Anos depois, uma invasão de soldados mexicanos em sua tribo matou sua mulher, sua mãe e seus filhos. Num de seus retiros na floresta ele ouviu vozes. Elas lhes disseram que ele não seria baleado em batalhas e que um poder do alto guiaria seus passos quando ele buscasse vingança contra os mexicanos que assassinaram sua família.

Por mais de dez anos Gerônimo e seus homens perseguiram e mataram mexicanos. A guerra entre o México e os Estados Unidos, que se seguiu, trouxe nova configuração à jurisdição sobre as terras e isso gerou um novo tipo de inimigo para a tribo. O padrasto de Gerônimo, Cochise, firmou um acordo com o governo dos Estados

Unidos garantindo proteção sobre o território apache. Mas após a morte de Cochise, colonos e soldados passaram a desrespeitar tanto aquele acordo quanto a liderança de Gerônimo, promovendo invasões em suas terras.

Depois de anos de luta entre os apaches de Gerônimo e soldados do governo federal dos Estados Unidos, os nativos se renderam. Gerônimo e seus guerreiros foram presos, encerrando-se aí a vida de lutas desse homem notável.

Nuvem Vermelha. O chefe Nuvem Vermelha (Red Cloud), da tribo sioux lakota, teve vida mais longa que o chefe apache Gerônimo, pois nasceu antes, em 1922, e morreu em 1919, mesmo ano que o apache.

No que hoje é o Estado de Nebraska, ele cresceu vendo guerras entre sua tribo e as tribos vizinhas crow e pawnee. Em 1841, portanto aos 19 anos, matou um rival do chefe que o criou e que era seu tio. Com o ato ele dividiu a tribo, mas angariou respeito.

O território de sua tribo era rico em ouro, o que atraiu aventureiros e militares a partir de 1862. Assim, entre 1866 e 1868, Nuvem Vermelha travou várias batalhas contra destacamentos do governo, obtendo ganhos nessas lutas de resistência e levando o governo a firmar o Tratado de Fort Laramie, que garantiu aos nativos o direito sobre várias porções de terra em Nebraska, Dakota do Sul, Wyoming e Montana.

Em 1874, porém, novas invasões quebraram o compromisso expresso naquele Tratado, e as temidas "Guerras de Nuvem Vermelha" recomeçaram. No entanto, conhecedor das vantagens da vida pacífica, o chefe buscou conversações com os representantes do governo, sempre tentando preservar as garantias anteriormente conquistadas.

Corvo Pequeno. Anos antes daqueles da atuação de Nuvem Vermelha, o chefe Corvo Pequeno (Little Crow), da tribo sioux dakota, que viveu em Minnesota, de 1810 a 1863, travou também diversas guerras contra os invasores.

Inicialmente, o governo teve Corvo Pequeno em alta consideração, por seu papel nas negociações de transferência de sua tribo para uma reserva próxima ao Rio Minnesota. Ele aceitou o

Tratado de Travessia dos Sioux, de 1851, convencendo sua tribo a segui-lo, porque as promessas de fornecimento de bens aos nativos, e de garantia de alguns direitos, pareceu vantajosa. No entanto, aos poucos os compromissos do governo federal foram deixando de ser honrados e em 1862 Corvo Pequeno acatou a decisão do Conselho de Guerra Dakota, de enfrentamento contra o homem branco. Assim ele participou da *Guerra Dakota*, daquele ano, mas decidiu recuar, antes da conclusão do conflito, em dezembro. Em 3 de julho de 1863 ele foi baleado e morto por um colono.

Seattle. O chefe Seattle, em cuja homenagem nomeou-se a capital do Estado de Washington, na costa oeste, era da tribo duwamish e, embora sua nação não seja tão falada quanto outras mais numerosas, como a sioux, a cherokee e a apache, Seatle é reconhecido como um grande líder e um grande guerreiro, pelas batalhas que ele travou ao longo do Rio Verde. Nascido em 1780 às margens do Rio Negro, perto da atual cidade de Kent, ele foi batizado na Igreja Católica com o nome de Noé ("Noah"). Morreu no dia 7 de junho de 1866.

O que deu destaque ao chefe Seattle, em meio a tantos líderes que guerrearam contra os eurodescendentes em defesa das terras herdadas dos ancestrais, não foi uma batalha, ou uma campanha bélica, mas um discurso, em março de 1854, no qual ele chamou a atenção para a necessidade de preservação do meio ambiente. Nesse discurso, que ele proferiu enquanto descansava as mãos no ombro do Governador Isaac Ingalls Stevens, ele agradeceu a generosidade dos eurodescendentes, mas cobrou de forma veemente garantias de acesso à terra por parte dos nativos.

No início de sua locução ele disse: "O presidente em Washington envia palavra expressando o desejo de comprar nossa terra. Mas como pode alguém comprar ou vender o céu, a terra? A ideia é estranha para nós. Se nós não temos a propriedade do frescor do ar e da cintilação da água, como alguém pode comprá-los? Toda parte da terra é sagrada para meu povo."

Sacagawea. Mas não só de líderes homens fez-se a história dos nativos americanos. Poucos anos depois do nascimento do chefe Seattle, nasceu, em 1788, a segunda mulher mais notável entre as nativas dos Estados Unidos, Sacagawea, que se destacou como guia e cujo nome só é menos famoso que o de Pocahontas. Era da tribo

Agaidika, ou "comedores de salmão", do ramo shoshone, e em 1800 foi raptada por homens da tribo hidatsa, provocando com isso uma batalha entre as duas nações. Após várias mortes de adultos e crianças como resultado daquela luta, ela foi levada para o que hoje é a cidade de Washburn, Dakota do Norte.

Ali ela, ainda jovem, casou-se com Toussaint Charbonneau, e estava grávida do primeiro filho, em 1804, quando o marido foi procurado por Lewis e Clark, que tentavam contratar um guia para sua histórica expedição.

A expedição de Lewis & Clark contratou Charbonneau, depois de ter dispensado vários outros pretendentes, porque Sacagawea, esposa dele, falava a língua shoshone, uma habilidade necessária aos propósitos da empreitada.

No ano seguinte a expedição foi iniciada, tendo Sacagawea como guia. Clark apelidou-a Janey. Em certa altura, um dos barcos virou, e Sacagawea usou sua habilidade para salvar vários objetos que estavam nele, incluindo registros da própria viagem. Por causa disso, aquele curso d'água foi denominado poucos meses mais tarde como Rio Sacagawea.

Não apenas por ser intérprete, mas também por ser uma figura feminina e nativa, ela é vista como o fator preponderante no fato de ter sido a expedição bem sucedida, sem ter sofrido ataques e sem ter sido considerada uma ameaça pelas tribos que ia encontrando pelo caminho.

Reverenciada hoje como um símbolo na luta pelos direitos das mulheres, Sacagawea é homenageada com várias estátuas em diversos locais dos Estados Unidos.

Cavalo Doido. Não foi, porém, completamente livre de contratempos a expedição de Lewis & Clark. Em dado momento ela foi impedida de prosseguir, bloqueada por um grupo de nativos sioux lakota, que não admitiam incursões em suas terras, mesmo que por propósitos de estudos. Um dos líderes desse bloqueio foi o pai do futuro chefe Cavalo Doido ("Crazy Horse", que ultimamente vem sendo traduzido em português por "Cavalo Louco", expressão menos sonora), Búfalo Negro. Este veio a ser também o nome da mulher de Cavalo Doido, Mulher Búfalo Negro. Cavalo Doido, que viveu de 1840 a 1877, lutou ao lado de Touro Sentado quando este derrotou o General Custer. Mais jovem, ocupou o lugar de coadjuvante na batalha, motivo pelo qual seu nome não tem a mesma projeção do daquele líder.

Porém, em junho de 1876, Cavalo Doido foi quem iniciou a *Guerra Sioux*, atacando e derrotando, com 1.500 homens, as tropas do General George Crook, que depois teve de lutar sob as ordens do General Custer. E a maior das lutas contra Custer foi empreendida justamente por Cavalo Doido, em 8 de janeiro de 1877, na *Batalha de Wolf Montain*, Montana.

Em 5 de maio, com seus homens já enfraquecidos, rendeu-se em Nebraska ao homem que ele antes havia derrotado, o General Crook. Prisioneiro, foi assassinado por um guarda em 5 de setembro do mesmo ano, por tentativa de fuga, segundo o que ficou registrado oficialmente.

A figura de Cavalo Doido está esculpida no Monte Thunderhead, Dakota do Sul, em obra de 1947, feita pelo escultor Korezak Ziolkowski. O local tinha sido escolhido pelo filho do guerreiro, em 1940.

Manuelito. O chefe Manuelito, que viveu de 1818 a 1893, ganhou renome por suas lutas contra invasores dos territórios de sua gente, a tribo Navajo, e também por um fato muito triste na vida daqueles nativos, que foi a *Longa Caminhada* ("Long Walk").

Tendo ganhado algumas batalhas desde jovem, Casado com a filha do chefe Narbona, Manuelito tornou-se chefe dos navajos em 1855. Seu sogro havia sido morto por soldados em 1849 e dois anos depois o Exército construiu o Fort Defiance, na área dos Navajos, recebendo grande oposição dos nativos. Mesmo assim, quando ele se tornou o líder da tribo, usou todos os esforços disponíveis para obter um acordo com o governo federal, conseguindo naquele mesmo ano de 1855 a assinatura do *Tratado de Meriwether*, que garantia a paz entre o Exército e sua tribo.

Em 1860, porém, soldados do Exército furtaram muitos cavalos dos navajos. O fato pôs fim ao período de paz, porque os navajos viram aquilo com uma quebra deliberada do acordo. As lutas então recomeçaram. Seguido pelo chefe Barboncito, Manuelito liderou mil guerreiros para tentar recuperar os cavalos no Fort Defiance, mas foi malsucedido.

Seguiu-se uma fase de vários anos de batalhas, em que os nativos foram perdendo força, ante o investimento maciço do Exército contra eles. Em 1963 Manuelito reuniu-se com o General James Carleton, comandante do Exército na região, levando uma proposta de paz. Carleton, no entanto, exigiu que Manuelito e seus guerreiros assinassem a rendição e aceitassem a transferência da tribo para uma reserva muito distante de sua moradia tradicional. Manuelito recusou-se a aceitar aquelas condições.

Em janeiro de 1864 Carleston desferiu um ataque fulminante conta os navajos, destruindo lares, gado, plantações e tudo o que ia encontrando pela frente. No mês de agosto, auxiliado pelo Coronel Christopher "Kit" Carson, de origem indígena, impôs a Manuelito a transferência de sua gente para a reserva do Bosque Redondo, o que se deu através da Longa Caminhada, de quase 500 quilômetros, que durou 18 dias, do Arizona até Fort Sumner, no leste do Novo México. Mais de 300 navajos morreram de fome e inanição durante o trajeto, com muitos deles tendo morrido afogados ao atravessar o Rio Grande. Cerca de 8.000 navajos foram assentados na reserva.

Em 1868, Manuelito e outros chefes navajos assinaram com o governo o *Tratado de Bosque Redondo*, garantindo a eles liberdade e mesmo o resgate de parte de suas velhas terras. Por meios pacíficos, incluindo encontros com o Presidente Grant e com o Presidente Hayes, Manuelito continuou a luta pela recuperação das terras dos navajos, mas sem muito sucesso.

Em 1893, faleceu de pneumonia, na reserva dos navajos que havia sido estabelecida no Novo México.

Benito Juárez. Primeiro presidente indígena nas Américas, Benito Pablo Juárez Garcia viveu entre 1806 e 1872. Nascido em San Pablo Guelatao, Oaxaca, México, na tribo zapoteca, ficou órfão aos três anos de idade e passou a ser criado por um tio. Trabalhou em lavouras de milho e pastoreou ovelhas até os 12 anos, ano de 1818, quando, ainda analfabeto, mudou-se para a cidade de Oaxaca em busca de condições para estudar. Sua irmã trabalhava ali como cozinheira e arranjou-lhe um emprego doméstico. Antonio Salanueva, frade franciscano, encantou-se com a inteligência e a força de vontade do menino Benito e encaminhou-o a um seminário. Ali ele estudou, mas, em vez de formar-se em Teologia, preferiu a carreira do Direito. Em 1834 começou a advogar e em 1842 tornou-se juiz de direito. Governou o Estado de Oaxaca de 1847 a 1853, quando teve de exilar-se na Luisiana, EUA, por suas críticas à corrupção no governo federal de Antonio López de Santa Anna.

Quando Santa Anna renunciou, em 1855, ele retornou ao México e tornou-se ministro da justiça. Em 1857, na primeira eleição presidencial direta do país, foi eleito vice-presidente (o México havia copiado ingenuamente o sistema efêmero que elegeu o golpista Luís Bonaparte na França nove anos antes, e que selou para o país dos astecas seu destino de pobreza). Afastado, quando presidente interino, pelos conservadores de Félix Maria Zuloaga, ele preparou depois seu retorno a partir de Veracruz, e em 1861 foi eleito presidente da República.

De perfil liberal progressista, marcou a história do México não só por ter liderado a guerra civil que derrubou e executou o breve Imperador Maximiliano I (1863-1867), da casa real dos Habsburgos da Áustria, imposto ao país por Luís Bonaparte, então Imperador Napoleão III da França, mas também por ter promovido uma reforma agrária que deu título de propriedade a pequenos agricultores de norte a sul.

Após a queda de Maximiliano I, foi eleito novamente à presidência, e mais uma vez reeleito, tendo exercido por quatro mandatos a presidência, além do período inicial como interino, até morrer em 1872, de apoplexia.

Satanta. O chefe Satanta, da tribo kiowa, nasceu em 1820, às margens do Rio Arkansas, e morreu em outubro de 1878, em Huntsville, Texas. Seu nome vem da palavra kiowa *Set'tainte*, que significa Urso Branco. Ganhou notoriedade como um grande negociador na defesa de sua tribo e das tribos aliadas, desempenhando papel de destaque na elaboração de importantes tratados, como o do *Little Arkansas* e o de *Medicine Lodge*. Passou a ser conhecido desde então como o "Orador das Planícies".

Quando o governo determinou que sua tribo se transferisse para uma reserva, ele concordou, mas a tribo não se mexeu. Então o General Custer o prendeu e o manteve como refém, até que os kiowas marchassem para a reserva, conforme a decisão governamental.

Em 1871, próximo ao Forte Zarah, no Kansas, um jovem kiowa foi morto por homens da Cavalaria do Exército. A tribo queria vingar a morte do rapaz, mas Satanta avaliou que não tinha forças para isso, e procurou evitar a guerra. No entanto, no fim do dia a Cavalaria atacou o acampamento kiowa e Satanta reuniu os guerreiros para confrontar as forças do governo.

Naquele mesmo ano Satanta liderou ataques a trens no Texas. Num desses ataques, em 18 de maio, sete dos homens que estavam no trem foram mortos, enquanto que cinco escaparam. O General William Tecumseh Sherman e o Coronel Ranald S. Mackenzie foram atrás dos responsáveis, o que levou à prisão dos chefes Urso Sentado (*Satank*), Grande Árvore (*Ado-ete*) e Satanta. Sherman exigiu o julgamento em corte civil daqueles três chefes kiowas, uma novidade em se tratando de chefes indígenas. Quando foram embarcados no trem, Urso Sentado reagiu e depois de embates com os guardas morreu baleado. Grande Árvore e Satanta sofreram condenação, tendo sido Satanta sentenciado à forca. Mas o mesmo juiz que o condenou pediu ao governador que comutasse a pena, que se transformou em prisão.

Em 1973 Satanta e Grande Árvore foram soltos sob liberdade condicional. Pouco tempo depois a tribo promoveu um ataque a mercadores de búfalos e as autoridades acusaram Satanta de ser artífice do evento, o que violaria sua liberdade provisória. Os kiowas garantiram que o chefe não participara, mas não convenceram o governo, que decretou a prisão dele. Em outubro de 1874 ele se entregou e foi levado à prisão estadual de Huntsville. Trabalhando como detento na construção de ferrovias, Satanta foi acometido de doenças e aos poucos foi pendendo o interesse pela vida. Em 11 de outubro de 1878 pulou da janela do hospital da penitenciária, que funcionava num andar superior, falecendo imediatamente.

Quanah Parker. O chefe Quanah Parker, do ramo quahadi ("antílope") da tribo comanche, viveu entre 1845 e 1911, em Oklahoma. Era filho do chefe Peta Nocona e de Cynthia Ann Parker, uma anglo-americana que foi raptada do meio dos colonos quando criança. Desde jovem, travou vários combates com os homens do Coronel Mackenzie, quase sempre pela defesa da área em que sua tribo caçava búfalos. Em 1867 Quanah participou das negociações do *Tratado de Medicine Lodge*, no Kansas, que previa a transferência para reservas de tribos como kiowa, cheyenne e dos próprios comanches, mas ele se recusou a assinar o documento. Em 1871, como dito acima, o Exército prendeu os chefes kiowas Urso Sentado, Grande Árvore e Satanta, e nessa altura o governo federal reconhecia Quanah como chefe de todos os comanches, embora ele nunca tenha sido indicado para o cargo dentro da tribo.

Em 1873, chamado para uma Dança do Sol, um rito kiowa, pelo xamã comanche Isa-tai, o grupo de Quanah foi convencido, durante aquela cerimônia, de que os verdadeiros inimigos dos comanches eram os mercadores de búfalos, e que esses é que tinham de ser atacados. Numa das batalhas que se seguiram, Quanah foi baleado no ombro, sem muita gravidade. Ele foi resgatado e curado, mas o fato levou o Exército a planejar uma solução para o problema. Veio então a *Guerra do Rio Vermelho*. No ano seguinte, em setembro de 1874, os homens do Coronel Mackenzie abateram 1.500 cavalos dos comanches, vistos como a razão do poder da tribo. Com seu povo enfraquecido, sem alimentos e sob pressão do Exército, em 1875 Quanah se rendeu e aceitou a transferência da tribo para a reserva que o governo já havia destinado a ela. Em 1911 Quanah morreu em sua residência, Star House, na cidade de Cache, Oklahoma, por parada cardíaca causada por reumatismo. É considerado o último chefe dos comanches, uma vez que depois dele o cargo de líder passou a ser considerado *chairman* (superintendente, ou presidente), não mais *chief* (chefe).

Coelho Corredor. O chefe Coelho Corredor ("Running Rabbit", *Aatsista Mahkan* na língua de sua tribo), que viveu entre 1833 e 1911, foi líder da tribo dos pés negros, do Canadá, e ganhou notoriedade por sua generosidade, sua amabilidade e também pela proteção que dedicava a seus familiares.

Em 1877 ele assinou o *Tratado Número 7*, que previa a transferência para uma reserva, mas sua tribo continuou na área tradicional, caçando bisões, até que em 1881 esses animais deixaram de existir na região. Então a tribo foi para a reserva prevista, perto de

Calgary, Alberta.

Pelo exemplo do chefe Coelho Corredor podemos ver que a relação entre os nativos do Canadá e os representantes do governo, sempre ligado à coroa britânica, foi muito mais pacífica que a dos nativos dos Estados Unidos com o governo federal, e também dos do México com seus colonizadores. De algum modo, por circunstâncias que devem ainda ser estudadas, os britânicos foram mais bem sucedidos no tratamento com os indígenas da América do Norte que os governantes do México, dos Estados Unidos pós-independência e dos pioneiros holandeses de Nova Iorque, séculos antes. Assim, muitos chefes nativos dos Estados Unidos destacaram-se como grandes guerreiros e têm seus nomes estudados hoje pelos escolares, muito diferentemente do que ocorre no Canadá.

Wilma Mankiller. A chefe cherokee Wilma Pearl Mankiller, de Oklahoma, que viveu entre 1945 e 2010, portanto, nos tempos recentes, em que os indígenas dos Estados Unidos que mantém suas tradições estão todos vivendo em reservas, era filha de um nativo cherokee e de uma eurodescendente, e ganhou destaque não apenas por ser a primeira mulher a liderar sua tribo, militando sempre em favor dos direitos das mulheres, mas também por lutar por melhores condições de vida dos nativos, nas áreas de educação, saúde e gestão, rechaçando a política proposta pelo governo de basear o desenvolvimento das reservas na liberação dos cassinos dentro delas. Em sua gestão ela restaurou a escola de ensino médio dos cherokees, o *Sequoyan High School*, e melhorou o relacionamento entre a tribo e o governo federal. Após o término de seu mandato como chefe, tornou-se professora convidada no *Darmouth College*, tendo sido agraciada com a Medalha da Liberdade em 1998, pelo Presidente Clinton. Lembrando essa premiação, em discurso na ocasião da morte dela, o Presidente Obama disse que "ela foi reconhecida por sua visão e seu comprometimento por um futuro mais brilhante para todos os americanos".

Muitos outros chefes, além dos citados acima, fizeram história nos Estados Unidos, ao longo das décadas e séculos passados, embora sem a mesma notoriedade de um Touro Sentado, um Cavalo Doido ou um Tecumseh. Entre eles estão *Pequena Tartaruga* ("Little

Turtle", 1752-1812, da tribo miami, Indiana), *Pontiac* (1720-1769, da tribo ottawa, Illinois), *Capitão Jack* (1837-1873, da tribo modoc, Califórnia), *Joseph* (1840-1904, da tribo nez percé, ramo wallowa, Óregon) e *Mangas Coloradas* ("Red Sleeves", 1790-1863, da tribo apache, ramo chiricahua, Novo México).

9.
Voltando aos meridionais

O Senador Darcy Ribeiro, quase certamente o intelectual brasileiro de maior engajamento na causa indígena entre os formados na Universidade de São Paulo, costumava dizer que era descendente de Afonso Ribeiro, o marinheiro português que, segundo a Carta de Pero Vaz de Caminha, de abril de 1500, Pedro Álvares Cabral deixou entre os nativos de Porto Seguro, por ter durante a viagem até o Brasil provocado muitas desavenças entre seus companheiros. Se é verdade a afirmação do senador, Afonso Ribeiro é pai do primeiro mameluco (filho de branco e indígena) nascido em terras brasileiras. Oficialmente, porém, tal primazia pertence a outro navegador português, também aportado na Bahia, anos mais tarde, como veremos abaixo.

Pelo menos 94% da população do Brasil é descendente de indígenas, segundo pesquisas recentemente divulgadas. Darcy Ribeiro, se seu sobrenome é realmente herança daquele Afonso de Porto Seguro, difere dos restantes compatriotas por ter como avó, não se sabe quantas gerações atrás, a esposa de um colono pioneiro, da esquadra que veio tomar posse da terra em nome do Rei Dom Manuel I, assim como também difere do restante dos habitantes do país o poeta paulista Paulo Bonfim, príncipe dos poetas brasileiros nesta segunda década do século XXI, uma vez que ele assegura que, segundo suas pesquisas genealógicas, é descendente de Pero Dias, genro do cacique Tibiriçá.

Seguindo o poeta, depois de percorrer a crônica relativa aos indígenas das três Américas dos anos dos Descobrimentos até o século XXI, voltemos mais uma vez no tempo para rememorar o que ocorreu no Sul.

Segundo os relatos históricos, o noviço Pero dias envolveu-se com Terebé, uma das filhas do chefe. Os dois andavam namorando às escondidas, até que o pai dela os surpreendeu aos abraços e beijocas. Pelo que ele tinha aprendido com os jesuítas, um noviço da Companhia de Jesus não podia casar-se, o que tornaria indigno aquele namoro. O noviço, porém, garantiu que estava disposto a abandonar a vida religiosa para desposar Terebé, batizada como Maria da Graça. Como o voto de castidade já havia sido feito, o problema foi levado ao responsável pelo clero em São Paulo de Piratininga, que era o padre Manoel da Nóbrega. Este enviou delegação a Roma explicando que se o voto de castidade de Pero Dias não fosse anulado, para que ele se casasse, Tibiriçá expulsaria todos os portugueses do Planalto de Piratininga, e provavelmente também do litoral. O general da ordem, Inácio de Loiola, saiu do dilema com a seguinte conclusão: É melhor perder um noviço que perder a América. Concedeu a autorização para o casamento, e assim Pero Dias abandonou a batina. Suzana Dias, filha do casal, é a fundadora da cidade de Santana de Parnaíba, vizinha da cidade de São Paulo, e a rua principal da povoação, em frente à Igreja Matriz, chama-se justamente Rua Suzana Dias.

Após as guerras movidas por Pikeroby, contra a Vila de São Vicente e contra seus dois irmãos Tibiriçá e Caiuby nos dois núcleos jesuíticos da área que viria a ser o município de São Paulo, isto é, Piratininga e Jurubatuba, que se situavam, respectivamente, às margens do Rio Tamanduateí e do Rio Jurubatuba, atual Rio Pinheiros, veio um longo período de paz entre nativos da Região Sul do Brasil e os colonos que iam chegando de Portugal.

Rio. Por que os portugueses evitavam a Baía de Guanabara?

Entrementes, a Região Leste do Brasil, em sua parte meridional, vivia em relativo abandono por parte dos colonizadores, que receavam conflitos com os bravos guerreiros canibais do lugar, os tupinambás da Guanabara, e isso ocorria mesmo depois da fundação da cidade de São Salvador da Bahia de Todos os Santos, em 1549, pelo primeiro governador-geral do Brasil, Tomé de Souza.

A escolha da Baía de Todos os Santos para instalação da capital da colônia não foi obra de planejadores incautos, mas veio como resultado de um acidente marítimo. Em fins de 1509, uma embarcação francesa que se dirigia a São Vicente naufragou naquela costa. Os tupinambás mataram os sobreviventes que chegaram à praia, e que lhes pareceram invasores, mas encontraram depois um marinheiro português, que fazia parte da comitiva, estendido em

meio às pedras, com um aspecto de lampreia, palavra que em tupi é
"caramuru". Logo gritaram essa palavra, Caramuru, que passou a ser
o apelido daquele navegante, um fidalgo de nome Diogo Álvares
Correia. Talvez por não representar ameaça, pela situação em que foi
encontrado, ele foi bem tratado e veio a se casar com uma nativa, que
recebeu o nome cristão de Catarina. Trata-se de Catarina Paraguaçu,
que ajudou o marido a fundar a povoação que hoje é o município de
Cachoeira, vizinho de Salvador. Quando Tomé de Sousa foi enviado
pela corte, veio para a Bahia, porque era um lugar pacificado por
Caramuru já há trinta anos, não havendo risco de encontrar chefes
rebelados, como vinha sendo Pikeroby na Capitania de São Vicente.

Estátua de Catarina Paraguaçu em Salvador-BA

Ao sul de Salvador, Cachoeira e Santa Cruz Cabrália, os
portugueses tinham algum contato com Cabo Frio, região dominada
por tupinambás, mas evitavam a qualquer custo a Baía de Guanabara,
habitada por um ramo temível dessa tribo, famoso pela prática da
antropofagia.

Foi nessas condições que, em 1554, numa visita secreta a Cabo
Frio, onde muitos comerciantes franceses faziam negócios, o
marinheiro francês Nicolas Durand de Villegagnon, de 44 anos de

idade, nobre diplomata formado em Direito pela Universidade de Paris, estudou com seus compatriotas a possibilidade de estabelecer uma base militar na Baía de Guanabara. Para ter maior garantia de que seu plano teria sucesso, fez contatos também com indígenas daquele lugar.

Na volta à França fez uma explanação de quatro horas ao Rei Henrique II, convencendo-o do acerto da investida. No fim daquele ano, o monarca ordenou ao Ministro Gaspard de Coligny, que ainda era católico na época, que preparasse uma expedição secreta à Baía de Guanabara, tendo Villegagnon como comandante.

Com dificuldade de encontrar voluntários para a viagem, Villegagnon visitou prisões e conseguiu a adesão de muitos detentos, que ganhariam a liberdade em troca da participação na expedição. Ele sabia que os portugueses tinham a prática de mandar os degredados para cá, mas a ideia de arregimentar detentos para conviver com seus marinheiros no novo continente custaria caro a ele. Em agosto de 1555 ele partiu com dois navios, lotados de 600 passageiros, e uma barcaça de mantimentos. Acompanhavam-no, entre outras figuras importantes, um indígena da tribo tabajara, que seria seu intérprete; a esposa francesa desse nativo; uma guarda pessoal de escoceses; o navegador André Thevet, que já havia visitado a Baía de Guanabara duas vezes; Bois-le-Comte, que era seu sobrinho; Nicolas Barré, ex-piloto e relator da expedição; e dois beneditinos, que criariam a primeira escola católica na cidade a ser fundada.

No dia 10 de novembro de 1555 aportaram no destino previsto e fundaram na área que é hoje a Praia do Flamengo a povoação de Henriville, nome escolhido em homenagem ao delfim de França, futuro Rei Henrique III, embora apenas meses depois, já em 1556, após a instalação de olarias, é que se iniciou a construção de edificações de alvenaria. A cidade que se erigia ali cumpriria a função de capital da "França Antártica", a colônia que Villegagnon prometeu fundar para a coroa francesa.

Calvinistas. Villegagnon recebeu da França na medida esperada os reforços pedidos?

No dia 12 de fevereiro, André Thevet, acompanhado do sobrinho do governador Villegagnon, Bois-le-Comte, voltou à

França, por ter caído enfermo na colônia e precisar de tratamento. A partida deles também tinha o objetivo de pedir à coroa o envio de mais franceses para garantir a colonização. Villegagnon pedia 4.000 soldados, operários e também algumas centenas de mulheres, para se casarem com os solteiros franceses que já estavam na área e com os que chegariam.

Dois dias depois da partida de André Thevet e Bois-le-Comte deu-se a primeira rebelião entre os franceses da Guanabara. Trinta homens liderados por um súdito que havia sido obrigado a se casar com uma indígena planejaram o assassinato de Villegagnon. Um guarda a quem prometeram recompensa para facilitar a ação agiu contra os rebeldes e denunciou o plano. Fracassada a tentativa, o líder fugiu, mas alguns foram presos, tendo sido dois deles enforcados.

A segunda iniciativa temerária do empreendimento de Villegagnon, depois da arregimentação de presos, foi a expulsão da tribo que tradicionalmente ocupava a Ilha do Governador, então chamada Ilha de Paranapuã. Tratava-se dos indígenas temiminós, um ramo tupi, que foram obrigados a abandonar o local pelos tamoios (de "tamuya", que em tupi significa "o mais velho", o primeiro do lugar; os tamoios não eram uma tribo, mas uma confederação de tupinambás), aliados do líder francês. O cacique Maracajá-guaçu e seus liderados temiminós rumaram para o norte, obtendo acolhida na Capitania do Espírito Santo.

Sabendo dos relacionamentos afetivos entre os franceses e as mulheres tupinambás, Villegagnon exigiu casamento. Alguns aceitaram se casar, mas outros preferiram ir morar nas matas, com suas companheiras. Outros franceses voltaram à França abrigados em navios mercantes.

Nessa altura, Gaspard de Coligny convertera-se ao protestantismo. Conhecendo as dificuldades de segurar número substancioso de colonos na França Antártica, ele pediu a Calvino, em Genebra, que enviasse um contingente de protestantes para a Guanabara. Calvino conseguiu a anuência de dois pastores, que aceitaram vir com certo número de fiéis. Financiada por Coligny e Villegagnon, a expedição partiu da França rumo ao Brasil no dia 19 de novembro de 1956, com um total de 300 pessoas, em três navios comandados por Bois-le-Comte. Chegaram à Guanabara no dia 26 de fevereiro.

No final de março Villegagnon escreveu a Calvino, seu velho colega de liceu, agradecendo pelo empenho e contando de suas dificuldades.

Em pouco tempo os pastores se desentenderam com o governador e no início de 1558 voltaram à França, levando muitos fiéis com eles. Dos calvinistas que ficaram, alguns se rebelaram e três deles foram executados pelo governo da França Antártica. Villegagnon teve de voltar à França para se explicar, em 1559, deixando Bois-le-Comte como governador interino.

Reintegração. Qual foi o papel de Estácio de Sá na expulsão dos franceses?

A França Antártica teve vida curta, não tendo ultrapassado uma dúzia de anos, por sua própria conformação geográfica. Os portugueses que tinham a posse do Brasil pelo Tratado de Tordesilhas, transitavam de Cabo Frio para São Vicente passando pela Baía de Guanabara e simplesmente deixavam os indígenas daquela área em sua vida costumeira, sem ver muita necessidade de aportar ali e arriscar a vida frente aos antropófagos, uma vez que havia tanta terra a colonizar em toda a costa brasileira. A chegada de Villegagnon foi vista, portanto, como uma invasão inoportuna, e a expulsão dos franceses daquela baía era uma questão de organização e tempo.

O segundo governador-geral do Brasil, Dom Duarte da Costa, falecera em 1558, tendo sido substituído pelo fidalgo Mem de Sá, que era meio irmão do poeta Sá de Miranda.

A partida de Villegagnon para a França em 1559 mostrou a Mem de Sá dois sinais de oportunidade. Primeiro, que havia enfraquecimento do assentamento francês. Segundo, que a partida do líder poderia ter deixado os colonos da Guanabara com um flanco aberto. Assim, contando com informações de um desertor francês, Jean de Coynta, ele organizou o primeiro ataque à França Antártica, em 1560.

Os cálculos estavam corretos. O governador-geral tomou a cidade, mediante a destruição do Forte Coligny, que Villegagnon havia construído, com mão de obra francesa e indígena, na Ilha de Villegagnon, então Ilha de Serigipe. Os franceses derrotados, porém, não foram completamente destruídos, pois tiveram acolhida de seus aliados tamoios, com os quais mantiveram-se escondidos, além de um certo número de colonos que se deslocaram para Cabo Frio para se fazer passar por mercadores.

Os anos que se seguiram foram difíceis para os portugueses, que tiveram de enfrentar hostilidades dos tamoios ao sul e ao norte da Baía de Guanabara. Em trabalho missionário, José de Anchieta foi preso na aldeia de Iperoig, onde hoje é a cidade de Ubatuba. Durante cinco meses esteve como refém dos guerreiros da tribo, chefiada pelo cacique Caoquira ("Broto de Folha").

Manuel da Nóbrega e José de Anchieta conseguiram, após muito esforço, negociar um tratado com os tamoios, em 1563, para que não atacassem os portugueses que atuavam ao sul de Ubatuba e no Planalto de Piratininga. Este foi denominado *Paz de Iperoig*, primeiro tratado de paz das Américas, que garantiu a continuidade da catequese e da educação nos colégios jesuítas de São Paulo e da Baixada Santista.

Nascido em 1500, Mem de Sá viu que precisava de sangue jovem para enfrentar o restante da resistência de franceses e tamoios. Pediu que viesse de Portugal seu sobrinho Estácio de Sá, que, aportando em Salvador em 1563, em março de 1565 chegou à Baía de Guanabara e criou a cidade de São Sebastião do Rio de Janeiro, entre os Morros Cara de Cão e Pão-de-Açúcar, para funcionar como base de suas operações militares.

Depois de várias batalhas, contando com a ajuda do governador da Capitania de São Vicente e dos indígenas temiminós, agora chefiados pelo chefe Arariboia, filho de Maracajá-guaçu, Estácio de Sá garantiu a posse definitiva da área em 1567, embora tenha sido ferido em batalha, atingido por uma flecha envenenada, e morrido um mês depois, no dia 20 de fevereiro daquele ano, aos 47 anos de idade. Como prêmio pelo apoio na luta, Arariboia ganhou a posse de uma vasta sesmaria, a leste do Rio, onde ele fundou a cidade de Niterói.

Pacificação. Por que ocorreu o Massacre do Rio Corurupe?

Mem de Sá ainda teve de enfrentar durante sua gestão, que se seguiu até 1572, quando de sua morte, algumas guerras contra tribos indígenas, como a batalha contra os tupiniquins de Ilhéus, em 1559, e o ataque desferido pelos aimorés a Caravelas e Porto Seguro, e também a Ilhéus, em 1564. Os aimorés ainda voltaram a enfrentar os colonizadores mesmo no início da vigência do domínio espanhol, como foi o ataque de 1597 a Porto Seguro, mas foram pontuais e raros os embates com os nativos nesse período.

Esse conflito de 1559 foi o caso mais marcante entre os embates de índios contra colonos na região que hoje é o Estado da Bahia. O episódio ficou conhecido como *Batalha dos Nadadores*, e, do lado dos anti-lusitanos, também como Massacre do Rio Corurupe, por ter-se passado o acontecimento na foz desse rio e pelo grande número de baixas imposto aos indígenas pelos colonizadores. Tratava-se de uma fazenda de propriedade do próprio Mem de Sá. Ocorreu nela o assassinato de um dos nativos e as providências que esses indígenas reivindicavam não foram tomadas para a apuração do caso. Eles decidiram então promover um motim. Quando os homens do governador-geral chegaram, os indígenas entraram no mar, a nado. Os soldados também nadaram e, estando em maior número, mataram grande quantidade de nativos. Os restantes renderam-se.

De alguma forma, a coroa espanhola teve com os nativos do Brasil, a partir de 1580, um relacionamento mais ameno que o estabelecido aqui pelos portugueses.

Essa fase de tranquilidade que sobreveio foi quebrada quando, no século seguinte, os bandeirantes dividiram-se entre os que buscavam minérios no sertão e aqueles que iam à caça de indígenas a serem vendidos como escravos. Do lado sul, as guerras então foram reiniciadas, como já visto acima, quando esses aventureiros decidiram aprisionar guaranis aculturados residentes nas Reduções do que hoje é o Estado do Rio Grande do Sul, com a Batalha de M'Bororé, em 1641, e de outra parte, no Nordeste, com os indígenas ajudando os portugueses a expulsar invasores.

Holandeses. Que medida levou os usineiros de Pernambuco a revoltar-se contra o Domínio Holandês?

Poucos anos antes de estabelecer a colônia de Nova Holanda, atual Nova Iorque, na América do Norte, os holandeses aproveitaram o aparente abandono da coroa espanhola em relação à área do Brasil e promoveram algumas invasões. Formaram uma colônia em Pernambuco, em 1630, depois de terem tentado tomar a Bahia num empreendimento malsucedido, em 1624.

Essa invasão em Salvador, Bahia, durou de maio de 1624 a maio de 1625. O Governador-Geral Diogo de Mendonça Furtado resistiu dentro do palácio, mas foi capturado e enviado à Holanda. O governador de Pernambuco, Matias de Albuquerque, foi então nomeado pela Espanha como governador-geral do Brasil, passando a administrar a colônia a partir da então capital pernambucana, que era a cidade de Olinda. Albuquerque enviou soldados para tentar recuperar a Bahia, mas só quando Madri enviou uma armada de 52 navios e 12 mil homens, na chamada *Jornada dos Vassalos*, é que os holandeses foram finalmente derrotados e expulsos.

Anos depois, um saque bem sucedido ao carregamento anual de prata das colônias para a Espanha, da chamada *Frota da Praia*, no Mar do Caribe, pelo Almirante Piet Hein, fortaleceu os holandeses e propiciou recursos para a organização de uma nova investida, que se deu com a invasão de Olinda em 1630.

A partir da base de Pernambuco, o poder holandês se estendeu com a tomada do Rio Grande do Norte e da Paraíba em 1634, do Ceará em 1637 e da capital do Maranhão, São Luíz, em 1641.

Em 1637 chegou a Pernambuco a comitiva do Conde João Maurício de Nassau-Siegen, futuro Príncipe Maurício de Nassau, para dirigir o já vasto Brasil Holandês, estabelecendo a capital de sua colônia na cidade de Recife. Era homem de visão aberta e modernizadora, e ali implantou um jardim botânico, um jardim zoológico, uma pujante indústria açucareira, a cultura da liberdade religiosa, e a prática do incentivo às artes, incluindo a Arquitetura. Sob o governo de Nassau foi fundada em recife a primeira sinagoga das Américas. Nassau também intensificou a vinda de escravos negros, para o trabalho nos canaviais e engenhos. Na Europa ele vivia cercado de cientistas e artistas, alguns dos quais trouxe para Recife, como os pintores Frans Post e Albert Eckhout. O cientista

René Descartes fazia parte de seu exército na Holanda, mas sofria de asma e não veio para o Brasil.

Recém-emancipada da Espanha, desde 1581, por ter-se desenvolvido no protestantismo, diferentemente da União Ibérica, a Holanda buscou incorporar parte dos territórios que seu ex-colonizador ganhou a partir da união com Portugal em 1580, e que manteve sob certo vácuo de poder. O governo espanhol só veio a reconhecer a independência holandesa em 1648, com o *Acordo de Paz de Münster*, e até aquele ano proibia, como retaliação, que os espanhóis fizessem comércio nos portos holandeses, o que dificultava, por exemplo, a aquisição de açúcar.

A Bahia, primeiro ponto cobiçado, mostrou-se fiel ao poder ibérico e não foi ali que a Holanda conseguiu montar sua base. Navegando mais para norte, deparou-se com relativa facilidade na conquista de quase todo o território que viria a ser a região Nordeste do Brasil. Os holandeses, como bons comerciantes que são, souberam ganhar o apoio dos indígenas, trazendo da Europa produtos industrializados que estes valorizavam, como tesouras, facas, pistolas, espelhos e colheres, e levavam em troca algodão, pescados, madeiras e minérios, entre outras mercadorias.

Após o desmembramento das coroas portuguesa e espanhola, em 1640, os dirigentes coloniais do Brasil passaram a articular a luta pela expulsão dos holandeses. A cidade de São Luís foi resgatada em 1644, mas as outras províncias que eles formaram só conseguiram ficar definitivamente livres do poder holandês dez anos depois, em 1654.

Foram muitas batalhas, que uniam portugueses, indígenas e negros, contra os colonizadores holandeses.

De início, Matias de Albuquerque estabeleceu-se no Arraial do Bom Jesus, perto de Recife, para organizar a resistência. Mas os usineiros, que movimentavam a economia da capitania, foram aos poucos aderindo à administração holandesa, enxergando vantagens no novo estilo de poder. O porta-voz desses empresários frente ao governo holandês foi Domingos Fernandes Calabar, que passou a agir como inimigo do governador deposto.

Em 1635 o Arraial do Bom Jesus foi conquistado pelos holandeses, o que levou Matias de Albuquerque a afastar-se e montar sua nova base de operações às margens do Rio São Francisco.

Em 1641 os governos de Portugal e Holanda assinaram o *Tratado Luso-Holandês*, que previa trégua por dez anos. Com isso, em 1643 a coroa holandesa requisitou a presença de Nassau na Europa, prometendo a ele novas e importantes atribuições.

A nova administração do domínio holandês em Recife passou a cobrar impostos atrasados dos usineiros, o que resultou na chamada *Insurreição Pernambucana*, em 1645, e levou alguns a buscar composição com os que lutavam pela volta do domínio português. Dois desses empresários, André Vidal de Negreiros e João Fernandes Vieira, uniram-se ao líder rebelde Henrique Dias, filho de ex-escravos, e ao líder indígena Antônio Filipe Camarão, o Potiguaçu, fazendo recrudescer ali a luta pela expulsão dos holandeses, na campanha que ficou conhecida como *Guerra da Luz Divina*.

Os episódios mais sangrentos dessa luta foram a primeira e a segunda *Batalhas de Guararapes*, em abril de 1648 e fevereiro de 1649. O Exército Brasileiro considera essas duas batalhas como a base de sua formação.

No entanto, só cinco anos depois, em 26 de janeiro de 1654, é que os invasores foram derrotados em definitivo, com a assinatura do documento conhecido como *Capitulação do Campo do Taborda*, no qual o Conselho Supremo do Recife entregou oficialmente ao General Francisco Barreto de Menezes, nomeado governador da Capitania de Pernambuco, a posse de Recife, então chamada Cidade Maurícia, e das outras colônias ocupadas, como o Arquipélago de Fernando de Noronha, a Ilha de Itamaracá, o Rio Grande do Norte, o Ceará e a Paraíba.

Figuras. Qual foi a mais notável guerra indígena ocorrida no leste sul-americano?

Como fizemos acima, registrando o perfil de vários chefes nativos da América do Norte, passamos agora a criar uma modesta galeria de pessoas notáveis da América do Sul, entre indígenas e filhos de indígenas. Não trataremos apenas dos chefes guerreiros, pois no sul oriental, excetuando-se os ataques de Pikeroby, a Guerra Guaranítica, as batalhas contra os franceses na Guanabara, alguns embates na Bahia contra Mem de Sá e seu sucessor, e as guerras contra os holandeses, a maior parte dos grandes personagens indígenas ganhou destaque por outros feitos e outras circunstâncias. No Pacífico, o confronto foi muito sangrento entre nativos e espanhóis, e disso trataremos dentro em pouco, enquanto vamos falando de alguns nomes célebres.

Catarina Paraguaçu. Nascida provavelmente em 1495, era filha do chefe Taparica, dos tupinambás da Bahia, e antes da chegada dos portugueses ao Recôncavo, segundo Frei José de Santa Rita Durão, em seu poema épico "Caramuru", de 1781, era chamada de Guaibimpará ("Dona do Mar"). Porém, mesmo sendo ela filha do cacique, o nome pode ter sido criado no poema por influência do romantismo, pois não condiz com a visão de propriedade dos nativos. Por decisão do pai, casou-se com Diogo Álvares Correia, o Caramuru, português salvo de naufrágio nos domínios da tribo em 1509, e foi batizada em 1528, na França, com o nome de Catarina do Brasil. O nome Paraguaçu ("Mar Grande") pode ter sido incorporado a ela como sobrenome em alusão ao Rio Paraguaçu, o maior rio que desemboca na Baía de Todos os Santos, mas pode também ter sido seu nome de infância. Ela e Caramuru formaram a primeira família cristã do Brasil e é tida como a mãe simbólica da pátria. Faleceu no dia 26 de janeiro de 1583.

Atahualpa. Último imperador inca, Atahualpa ("Ave da Fortuna", em quíchua) viveu entre 1500 e 1533. Seu pai, o imperador Hayna Cápac, morreu em 1527, de varíola, após contato com espanhóis. Sem ter deixado um sucessor indicado, os dois filhos com liderança mais reconhecida, Huáscar e Atahualpa, dividiram o reino, com o primeiro coroando-se imperador inca em Cusco e o segundo organizando o exército inca do norte, sediado em Quito. Huáscar, também chamado Tupac Cusi Huallpar, nascido em 1491, era governador de Cusco, enquanto Atahualpa era governador de Quito, ambos nomeados anteriormente pelo próprio pai. Com a disputa pelo trono central, eclodiu então a Guerra Civil Inca, que terminou em 1532, com vitória de Atahualpa.

Quando se deslocava com seus homens, de Cajamarca até Cusco, para coroar-se imperador de todo o império inca, Atahualpa foi surpreendido por uma expedição espanhola, que vinha sob ordens de Francisco Pizarro. Capturado por Pizarro, Atahualpa ofereceu-lhe um vultoso prêmio para ser libertado, o que foi aceito.

Atahualpa, porém, não ganhou a liberdade, pois os espanhóis temiam ser atacados pelos incas. Acusaram o novo monarca de traição contra a coroa espanhola e de ter assassinado Huáscar, de quem era meio-irmão. Submeteram-no a uma corte de justiça e sentenciaram-no à morte, executando-o por estrangulamento, no dia 26 de julho de 1533.

Pizarro nomeou como sucessor de Atahualpa outro indígena, Túpac Hualpa, mas este foi assassinado em seguida. Nesse mesmo ano de 1533 Pizarro deu posse a Manco Inca Yupanqui, outro filho de Hayna Cápac, mas este se sublevou contra os espanhóis em 1536 e, derrotado, embrenhou-se na selva, sendo substituído no trono por outro irmão, Paullu Inca, que colaborou com os espanhóis até morrer, em 1549. Enquanto isso, Manco Inca Yupanqui criou uma dinastia em Vilcabamba, tendo sido sucedido pelos filhos Sayn Túpac Inca, Titu Cusi Yupanqui e Túpac Amaru I, que estava no trono quando os espanhóis tomaram o território, em 1572. De qualquer modo, considera-se Atahualpa como último imperador inca.

Imperador inca Huáscar

Inés Huaylas Yupanqui. Irmã de Atahualpa, a princesa inca Inés Huaylas Yupanqui, cujo nome original era Quispe Sisa, viveu entre 1518 e 1559.

Como parte do frustrado prêmio de resgate de Atahualpa, foi levada a Cajamarca, aos 18 anos de idade, e o imperador, prisioneiro de Pizarro, ofereceu-a a este para que a desposasse. "Toma aí a filha de meu pai, minha irmã, a quem eu muito prezo", teria dito ao velho conquistador espanhol.

Pizarro a tomou como esposa e como tal a apresentava, tendo com ela a filha Francisca Pizarro Yupanqui, em 1534, e o filho Gonzalo, em 1535. Em 1536, quando da rebelião de Manco Inca Yupanqui em Cusco, Inés foi acusada de passar informações e de tentar fugir levando baús de ouro e prata. Pizarro então se separou dela e depois se casou com Angelina Yupanqui, também irmã de Atahualpa e filha de Huayna Cápac, tendo com esta o filho Francisco Pizarro Yupanqui.

Tibiriçá. O cacique Tibiriçá ("Vigilante da Serra"), do ramo guaianás da tribo tupiniquim do Planalto de Piratininga, nasceu em torno de 1470 e morreu em 1562. Era casado com Potyra. No litoral, seu irmão Pikeroby salvou de naufrágio o navegante português João Ramalho, que se tornou seu genro, casando-se com Mbicy, batizada depois como Isabel, mas chamada pelos portugueses de Bartira. Outra filha, Terebé, casou-se com Pero Dias, e a terceira, Beatriz, desposou outro português, Lopo Dias. Além das três filhas, Tibiriçá tinha também cinco filhos homens: Ítalo, Ará, Toruí, Aratá e Pirijá.

Já ambientado com o mundo dos europeus, através de João Ramalho, recebeu em Piratininga, aldeia de Inhapuambuçu, hoje região central da cidade de São Paulo, os jesuítas que subiram do litoral para fundar uma escola de primeiras letras e catequese.

Depois de catequizado por Leonardo Nunes e José de Anchieta, o chefe foi batizado com o nome de Martim Afonso Tibiriçá, numa homenagem ao donatário da capitania. Muitos brasileiros importantes na história foram ou são seus descendentes, como é o caso da Rainha Silvia da Suécia.

Por seu apoio aos jesuítas e aos imigrantes portugueses, teve de enfrentar ataques guerreiros por parte de seu irmão Pikeroby e também do filho deste, Jaguaranho, ou Jaguanharó.

Morreu no dia de Natal de 1562, acometido de uma peste que assolou a aldeia, conforme relato de José de Anchieta.

Arariboia. Sabe-se que o cacique Arariboia ("Cobra Feroz"), da tribo temiminó, ramo tupinambá da Ilha do Governador, então Paranapuã, morreu em 1589, mas não se tem uma estimativa da data de seu nascimento. Ele também recebeu o nome de Martim Afonso quando foi batizado, em 1568, após ter garantido no ano anterior, com sua bravura, a vitória de Estácio de Sá sobre as tropas francesas que ocupavam a Baía de Guanabara.

No confronto mais sangrento, que foi a *Batalha de Uruçumirim*, no outeiro da Glória, a participação de Arariboia foi decisiva. Subindo pelas rochas, ele entrou sozinho no acampamento onde se encontravam franceses e tamoios. Com uma tocha que carregava, explodiu o paiol de pólvora, deixando os inimigos com pouca munição e desorientados. Foi nessa batalha que Estácio de Sá sofreu a flechada que o feriu no rosto e o levou à morte semanas depois, mas a derrota dos franceses começou a se desenhar naquele dia.

Como recompensa por seu apoio, o governo português presenteou-o com as terras onde se encontra hoje o bairro de São Cristóvão. Também lhe concedeu o título de cavaleiro da Ordem de Cristo e deu-lhe um conjunto de vestuário que havia pertencido ao Rei Dom Sebastião. Em 1573 ele recebeu a sesmaria de São Lourenço, onde fundou a cidade de Niterói, nome que em tupi significa "verdadeiro rio frio" (*y* = rio, *eté* = verdadeiro, *roi* = frio). Em 1575, quando da posse do novo governador geral da seção Sul do Estado do Brasil (o Brasil seria dividido depois em Estado do Brasil e Estado do Maranhão), Antônio Salema, cruzou as pernas ao sentar-se, e isso foi visto pelo chefe de governo como sinal de desrespeito, sem levar em conta as diferenças culturais. Desde então ele perdeu credibilidade frente aos portugueses, mantendo-se afastado dos negócios de governo até morrer afogado em 1589.

Isabel de Jaguaripe. Morta em 1585, não se tem o ano de nascimento nem o nome tupi da indígena Isabel, que trabalhava como escrava no Recôncavo Baiano. Assim como os escravos negros fugidos para as matas formavam os *quilombos*, os indígenas criavam núcleos chamados *santidades*, para abrigar nativos que fugiam da escravidão e também de missões jesuíticas a que não se adaptavam. Um nativo de nome Antônio foi um desses, que um dia fugiu da missão da Ilha de Tinharé e fundou no continente a Santidade Jaguaripe.

Fernão Cabral de Taíde, um mal-intencionado senhor de engenho, conseguiu atrair a comunidade de Antônio para suas terras, prometendo que ali os nativos seriam livres e receberiam proteção. Isabel era uma das indígenas da Santidade Jaguaripe, acolhida ali após ter fugido da escravidão.

Certo dia foi acusada de ter relatado casos extraconjugais de Taíde à esposa deste, Margarida da Costa. Taíde então ordenou ao feitor, Domingos Camacho, que a queimasse viva numa fogueira. O feitor cumpriu a ordem, ajudado por um escravo guineense.

Ante a repercussão do caso, no mesmo ano de 1585 o governador da Bahia, Tales Barreto, determinou o desmonte daquela santidade. Em 1591, durante a visitação do Santo Ofício à Bahia, o episódio foi levado ao conhecimento do inquisidor, Heitor Furtado de Mendonça. Como agravante, Paula Almeida denunciou também Taíde por ter molestado sexualmente a irmã dela, que era comadre por duas vezes daquele senhor de engenho. Condenado pelo Tribunal do Santo Ofício, e entregue ao braço secular, conforme a praxe da época, Taíde foi levado à fogueira, sofrendo o mesmo tipo de morte que havia aplicado a Isabel seis anos antes.

Cunhambebe. Nascido em ano desconhecido, Cunhambebe ("Peito de Mulher Achatado", segundo o professor Eduardo Navarro) morreu em 1555 após contrair doença contagiosa, provavelmente varíola. É o chefe tupinambá que o explorador alemão Hans Staden diz ter conhecido na região de Trindade, ao sul de Parati. Também conhecido de André Thevet, aliou-se aos franceses quando da chegada de Villegagnon à Baía de Guanabara, em 1555. Iniciou a formação da Confederação dos Tamoios, que unia cerca de 70 mil indígenas em aldeias do litoral, ou próximas do litoral, em área que ia de Cabo Frio (RJ) a Bertioga (SP). Guerreiro muito temido, dele espalhou-se a fama de ter devorado pelo menos 60 portugueses em rituais de antropofagia, que, segundo Darcy Ribeiro, pela crença dos antropófagos brasileiros, tinham a função de transferir para o corpo do comensal a força do guerreiro abatido.

Eram chamados tamoios todos os tupinambás que se aliaram a Cunhambebe naquela grande confederação. Capistrano de Abreu assegura que existiu um segundo Cunhambebe, filho do primeiro, e que foi este filho que negociou com José de Anchieta em Ubatuba o Tratado de Paz de Iperoig.

Aimberê. Morto na Batalha de Uruçumirim, no dia 20 de janeiro de 1567, o cacique Aimberê ("Inflexível") forjou sua fleuma de guerreiro quando foi preso, junto com seu pai, o chefe Cairuçu ("Mel da Mata"), dos tupinambás daquela região, que hoje é a Praia do Flamengo, e foram trazidos para São Paulo de Piratininga pelos homens do fundador de Santos, Brás Cubas, para trabalhar como escravos nas fazendas daquele senhor. Cairuçu adoeceu e morreu em pouco tempo, e o jovem Aimberê aproveitou a movimentação em torno do funeral do pai para fugir. Nessa viagem de volta ele foi passando pelas aldeias do caminho, a partir de Ubatuba. Visitou diversas tribos ao longo da costa, indo no sentido da Baía de Guanabara. Seu objetivo era criar uma confederação com esses ramos tupinambás, o que se realizou em 1554 e veio a ser conhecido como a Confederação dos Tamoios, tendo como primeiro líder o chefe Cunhambebe, de Angra dos Reis. A animosidade de Cairuçu, Cunhambebe e Aimberê em relação aos portugueses desenvolveu-se na resistência às investidas dos colonos da Capitania de São Vicente, que caçavam tupinambás daquelas aldeias para escravizar nas fazendas de cana-de-açúcar.

Com a morte de Cunhambebe em 1555, imediatamente Aimberê foi escolhido chefe da Confederação.

Foi Aimberê que convenceu Jaguanharó a lutar contra os portugueses e a tentar convencer seu tio Tibiriçá a abraçar a mesma causa, o que resultou na morte desse filho de Pikeroby pelas mãos do chefe de Piratininga ao atacar o lugar em 1562. E foi também Aimberê que se ofereceu para levar de Ubatuba a São Vicente uma carta do Padre Manuel da Nóbrega ao governador da capitania, com diretrizes para o armistício. Veio acompanhado do genovês José Adorno. O cacique Caoquira tinha convocado a Ubatuba os principais líderes da Confederação dos Tamoios, incluindo seu irmão Pindobuçu ("Palma Grande") e Aimberê, para a conferência com os jesuítas. Como Aimberê e Adorno demorassem a voltar, Manuel da Nóbrega decidiu ir a São Vicente, deixando Anchieta em Ubatuba, como refém. Após meses, Cunhambebe, o filho, que lá também estava, decidiu ir com Anchieta a São Vicente. As conversações com o governador chegaram a bom termo, e muitos indígenas foram libertados, inclusive Igaraçu ("Canoa Grande"), noiva de Aimberê.

Aimberê foi mantido como chefe da Confederação dos Tamoios até ser derrotado e morto em 1567, na guerra de expulsão dos franceses da Baía de Guanabara.

Inácio Abiaru. Cacique de uma das tribos guaranis assentadas nas Missões jesuíticas do Rio Grande do Sul, Inácio Abiaru ("Sabiá Negro") foi designado pelas lideranças de seu povo como capitão-geral de Guerra e Justiça Maior, para enfrentar os bandeirantes que iam à região aprisionar indígenas para vender como escravos. Na Batalha de M'Bororé, em 1641, liderando 4.000 guaranis, e usando canhões feitos de troncos de madeira, mais um número reduzido de espingardas, derrotou os homens de Jerônimo Pedroso de Barros, que contava com milhares de descendentes de portugueses e também tupis do Planalto de Piratininga.

No ano de 1642 Abiaru tomou de assalto as fortalezas de Apiterebi e Tobarati, onde libertou mais de mil guaranis que se encontravam cativos.

Não se tem registro dos anos de nascimento e morte desse vitorioso chefe guarani.

Potiguaçu. O líder Poty, ou Potiguaçu ("Camarão Grande"), era da tribo potiguara, do Rio Grande do Norte, e nasceu na atual Ceará Mirim, nos arredores da cidade de Natal, em torno de 1590, e faleceu em Recife no dia 24 de agosto de 1648. Batizado em 1614, em Extremoz (RN), recebeu o nome cristão de Antônio, mas acrescentou também o nome Filipe, como homenagem ao Rei Felipe II, grafado à época como Filipe, passando a ser tratado oficialmente como *Antônio Filipe Camarão.*

Recebeu esmerada instrução por parte dos jesuítas e era respeitado como bom cultivador da língua portuguesa, no falar e no escrever, dominando também o básico do latim.

Logo após a chegada dos holandeses a Pernambuco, integrou o exército do governador deposto, Matias de Albuquerque. Foi o principal e mais valente dos líderes indígenas a ajudar os portugueses nas batalhas pela expulsão do invasor holandês, às vezes acompanhado por sua esposa, exímia cavaleira, com domínio no manejo da lança e do arco.

Ele destacou-se nas batalhas de *Mata Redonda*, *Porto Calvo* e *São Lourenço*. Teve depois atuação decisiva na primeira Batalha dos Guararapes, em 1648, o que lhe rendeu a honraria de ser tratado por "dom", o ingresso como cavaleiro na Ordem de Cristo, o foro de "fidalgo com brasão de armas" e o título de "capitão-mor de todos os índios do Brasil". Entretanto, não teve tempo para usufruir essas homenagens, pois morreu um mês depois em consequência de ferimentos sofridos na batalha. Seu sobrinho, Diogo Pinheiro Camarão, sucedeu-o na liderança dos soldados indígenas.

Clara Camarão. Indígena da tribo tabajara, que, para alguns estudiosos, era potiguara, como Potiguaçu, ou Antônio Filipe Camarão, Clara Camarão recebeu instrução jesuítica tendo como colega o próprio Potiguaçu. Recebendo o batismo junto com ele, decidiram os dois casar-se naquele mesmo dia. Batizada como Clara, adotou o sobrenome atribuído ao marido. Nascida em torno de 1595, sobreviveu à morte do esposo, em 1648, mas não se tem notícia de sua trajetória após a pacificação da Capitania de Pernambuco, uma vez que o que se sabe dela vinha mais dos registros deixados por ele. Historiadores do Rio Grande do Norte e de Pernambuco têm investigado grande número de documentos, tentando encontrar mais dados sobre ela, por enquanto sem sucesso. Esperam que a tradução de textos holandeses da época traga alguma luz sobre essa figura.

Na luta contra os holandeses, mulheres foram proibidas de acompanhar os esposos guerreiros em algumas batalhas importantes, o que levou Clara a montar um pelotão exclusivamente feminino, que ficou conhecido depois como "Heroínas de Tejecupapo".

Conta-se que, em certa ocasião, um destacamento de holandeses saídos de Olinda dirigia-se a uma conhecida aldeia indígena, que deveria ser saqueada. Os homens da tribo montaram uma barricada na estrada, mas foram mortos. Quando os holandeses alcançaram a aldeia, foram recebidos pelas mulheres, lideradas por Clara. Não restou nenhum deles vivo.

Cangapol. O cacique Cangapol, que viveu entre 1670 e 1757, apelidado de "Nicolás el Bravo", era líder da tribo tehuelche setentrional, que vivia na província de Buenos Aires, ao sul do Rio Salado. Ganhou renome por sua grande bravura e sua crueldade, além de sua estatura, que ultrapassava os dois metros, coisa incomum entre os nativos sul-americanos.

Ao tempo da Guerra Guaranítica, Cangapol atuava mais ao sul, promovendo ataques aos espanhóis. Entre seus feitos registra-se o episódio em que liderou a maior guerra de assalto ("malón") à cidade de Buenos Aires no século XVIII, quando procurou vingar a morte do cacique Tolmichilla, seu primo, assassinado em 1737 por um espanhol. Para o ataque ele agregou aos tehuelches várias outras tribos, entre as quais os huiliches e os pehuenches.

Era amigo de vários jesuítas, mas passou a discordar da política da Companhia de Jesus de juntar os indígenas em Reduções. Tinha apoiado de início a formação da Missão de Nossa Senhora do Pilar de Puelches, perto de Mar del Plata, pelos jesuítas Thomas Falkner e José Cardiel. Sua tribo fazia comércio com moradores da Redução, trocando por aguardente e tabaco seus produtos de extrativismo, caça e pesca. Ele preferia manter sua gente em estilo nômade de vida, e, com o passar do tempo, foi-se ressentindo de perder liderança entre caciques menores, acolhidos pelos jesuítas. Em 1750 decidiu atacar e abolir aquela povoação.

A língua de sua tribo, o aónikenk, está hoje quase extinta, falada por apenas algumas pessoas, sendo um dos motivos a intensa miscigenação dos tehuelches com os mapuches, de cultura dominante na região. A própria palavra tehuelche, que denomina a tribo, é de origem mapuche, e significa "gente brava", pois a tribo tehuelche, também chamada "patagônia", tem o nome original de "aóniken".

O nome do cacique parece ser uma composição de palavra tupi-guarani (Canga, que significa "cabeça", ou "osso dentro do corpo") com palavra aónikenk (Pol, que significa "negro"), já que esta língua contém a letra "L", que não existe no tupi-guarani.

Em 1753 Cangapol tornou-se aliado dos espanhóis na luta contra os mapuches e outras tribos que desferiam ataques tentando assenhorear-se do território dos pampas. Não há relatos sobre as circunstâncias de sua morte, em 1757. Seu filho Nicolás o sucedeu como chefe dos tehuelches.

A partir dessa fase, meados do século XVIII, a América do Sul, muito diferentemente da América ianque, esteve em relativa calma em sua interação com eurodescendentes, negros e indígenas. A razão dessa paz está quase inteiramente na intensa miscigenação de espanhóis e portugueses com os indígenas aqui encontrados, de tal forma que em quase todo o litoral do Atlântico, de São Luiz do Maranhão, Brasil, a Rio Gallegos, Argentina, encontra-se uma profusão de descendentes de indígenas, mesclados com europeus e negros, mas nativos sem mestiçagens são encontrados apenas longe da costa. Entre as poucas exceções está o litoral norte do Estado de São Paulo, que, antes da Rodovia Rio-Santos, construída nos anos 1970, mantinha muitas comunidades isoladas de nativos, chamados caiçaras (Caiçara = "paliçada"), remanescentes dos tupinambás da Confederação dos Tamoios.

Hoje, mesmo entre eles, são poucos os que não se miscigenaram, mas ainda existem. Na cidade de São Paulo, ao sul, há duas aldeias guaranis, do ramo mbyá, formadas por indígenas que vinham do litoral, no início do século XX, subindo a serra a pé, a partir de Itanhaém, para vender artesanato na capital do Estado. Muitos deles, no momento da volta, paravam para descansar antes da descida da serra, onde agora é o distrito de Marsilac, região de Parelheiros. O proprietário daquelas terras, um japonês que não tinha descendentes, cedeu a área aos guaranis, para que eles pudessem permanecer por mais tempo ali. Hoje eles formam a *tekoa* ("aldeia") Tenondé Porã ("futuro bonito") e a tekoa Krukutu (Koru = "cascalho", Kutu = "furar"). Nessas comunidades há pessoas miscigenadas com gente não nativa, mas a maioria é indígena, sem misturas. Também no Pico do Jaraguá, ainda dentro do município de São Paulo, outros guaranis foram se juntando e formaram, mais recentemente, a tekoa Pyau. Outros grupos indígenas, com proteção da Funai (Fundação Nacional do Índio), existem no município de São Paulo, mas são imigrantes de lugares em que não há mais indígenas originários, senão "caboclos", descendentes mesclados, que não falam nada da língua de seus ancestrais nativos. É a situação de quase todas as tribos do vasto litoral brasileiro.

Cândido Rondon. Sete anos antes da morte de Benito Juárez, do México, nasceu em Mimoso, município de Santo Antônio de Leverger, Estado de Mato Grosso, em 5 de maio de 1865, o mestiço Cândido Mariano da Silva Rondon, mais conhecido como Marechal Rondon. Morreu no Rio de Janeiro em 19 de janeiro de 1958. Seu pai era descendente de português e sua mãe era indígena, descendente das tribos bororó e terena.

Os pais morreram cedo e ele foi criado por um tio. Quando estava com dezesseis anos, perdeu também o tio, e mudou-se para o Rio de Janeiro. Já com ensino médio completo, lecionou durante dois anos em escola elementar, ingressando em seguida na carreira militar. Fez parte do 3º Regimento de Cavalaria e graduou-se como segundo tenente na escola de oficiais em 1888. Na Escola Superior de Guerra ele graduou-se em Matemática, em Física e em Ciências Naturais.

Trabalhando como engenheiro militar, participou da construção da rodovia que liga a cidade do Rio de Janeiro a Cuiabá, Mato Grosso. De 1890 a 1895 liderou a implantação de linhas telegráficas da então capital da recente República, Rio de Janeiro, até seu Estado, Mato Grosso. No início do século XX, após pacificar os indígenas da tribo bororó, teve a ajuda destes para continuar a instalação das linhas telegráficas, conseguindo estendê-las até a Bolívia e o Peru.

Sustentando sempre o lema "Morrer se preciso for, matar nunca", continuou seu trabalho de pacificação de tribos nativas. Quando incumbido de levar a linha telegráfica de Mato Grosso ao Amazonas, descobriu o Rio Juruena, afluente do Tapajós, e, naquela região, fez contato com a tribo nambiquara, que até aquela altura tinha matado todo homem branco que tivesse tentado aproximação.

Em maio de 1909 ele liderou uma expedição com o objetivo de explorar o Rio Madeira. Quando alcançaram o Rio Ji-Paraná, já estavam sem mantimentos, e então continuaram determinados a viver do que obtivessem da floresta, em caça, pesca e extrativismo. Alcançaram o Rio Madeira no dia 25 de dezembro do mesmo ano. No trajeto ele descobriu outro importante curso d'água, que ele chamou Rio da Dúvida, e que hoje é o Rio Roosevelt. Voltando ao Rio de Janeiro, foi saudado como herói, porque o Exército já o dava como morto. Nessa altura ele fundou o SPI, Serviço de Proteção aos Índios, hoje Funai, Fundação Nacional do Índio.

Acompanhado de Theodore Roosevelt, ex-presidente dos EUA, Rondon iniciou em 1914 a Expedição Científica Rondon-Roosevelt, com o objetivo de explorar o curso do Rio da Dúvida. Foi um trabalho difícil, com muitos casos de doenças e contratempos pelo caminho. Após essa aventura é que o rio recebeu o nome que tem hoje.

Tendo participado em 1889 da movimentação que levou à Proclamação da República, em 1924 chefiou o ataque contra a rebelião do Estado de São Paulo, garantindo com suas tropas a manutenção do poder federal. Ante as incertezas da Revolução de 1930, nesse ano ele deixou a presidência do SPI, mas voltou ao posto em 1939. No fim dos anos 1950, apoiou e assessorou os irmãos Villas-Bôas na criação do Parque Nacional do Xingu, o primeiro parque indígena do Brasil, instalado em 1961. Nesse tempo ele já possuía a patente de marechal, obtida em 1955, a mais alta do Exército Brasileiro na época.

O meridiano dos 52° a oeste de Greenwich tem o nome de Meridiano Rondon, em homenagem a seu trabalho nas comunicações. É a segunda pessoa no mundo a receber essa honraria. Além disso ele tem o título de "Pai das Telecomunicações Brasileiras" e tem seu nome inscrito em letras de ouro no Livro da Sociedade Geográfica de Nova Iorque.

Raoni Metuktire. Nascido em torno de 1930, em Mato Grosso, o cacique Raoni ("Grande Guerreiro", em tupi; "Sexo de Onça", em caiapó), do ramo metuktire da tribo caiapó, ganhou renome pela sua luta, inclusive em muitas viagens internacionais, em favor da preservação da Floresta Amazônica. O primeiro contato dele e de sua tribo com os eurodescendentes deu-se em 1954 e seus conhecimentos de língua portuguesa vieram da amizade com o sertanista Orlando, o mais velho dos três irmãos Villas-Bôas. Na época do contato ele já estava usando seu botoque, o disco de madeira encaixado no lábio inferior, conforme a tradição de sua gente.

Em 1964 ele recebeu em sua aldeia a visita do Rei Leopoldo III da Bélgica, numa expedição feita para conhecer reservas indígenas de Mato Grosso. Iniciou-se aí a projeção internacional do nome do cacique.

Em 1978, Jean-Pierre Dutilleux lançou o documentário "Raoni", com música de Egberto Gismonti, narração de Jacques Perrin e participação de Marlon Brando de 10 minutos na abertura, o qual fez questão de não receber nenhuma remuneração. Depois, em 1990, ele dirigiu um novo documentário, "Raoni: um indígena na volta ao mundo em 60 dias", sobre as viagens do líder caiapó.

O périplo pelo mundo deveu-se em muito ao apoio do cantor inglês Sting, que o acompanhou por vários países, aos quais ele levou sua mensagem de necessidade de preservação da floresta e da cultura indígena.

Aritana Yawalapiti. Nascido em 1950, o cacique Aritana é o chefe indígena mais reconhecido entre os habitantes do Parque Nacional do Xingu. Mesmo antes de ocupar o posto de chefe de sua tribo, yawalapiti, em 1980, inspirou a telenovela "Aritana", da extinta TV Tupi, escrita por Ivani Ribeiro e levada ao ar em 1978 e 1979.

Ele costuma dizer que a importância que ele atribui à preservação dos costumes indígenas ele aprendeu ainda criança na convivência com Orlando Villas-Bôas. Nos últimos tempos, angustia-se com o pouco zelo que as novas gerações vêm demonstrando frente às tradições de sua gente. O kuarup, por exemplo, talvez a cerimônia mais emblemática do Xingu, ele diz que tem sido tratada como brincadeira pelos jovens.

A língua yawalapiti, falada por meia dúzia de pessoas, é do ramo aruak, mas os jovens têm falado o tupi, aprendido com a tribo kamaiurá, que compartilha a mesma aldeia dos yawalapitis no sul do Xingu, juntamente com as tribos kuikuro e mehinako.

O que motivou nos irmãos Villas-Bôas a criação do Parque do Xingu foi principalmente a possibilidade de preservação da cultura das tribos amazônicas do sul do Pará e norte de Mato Grosso, trazendo-as para uma mesma área. Todas as tribos levadas para o local foram convencidas por aqueles irmãos a abandonar a prática da guerra, que antes travavam entre si. Mantendo-se isoladas, as comunidades indígenas iam perdendo seus referenciais culturais no contato com aventureiros que apenas visavam explorar aquelas terras em busca de minérios e outras riquezas. A ideia da criação de um parque nacional dos indígenas, que os Villas-Bôas desenvolveram sob orientação do Marechal Rondon, não tinha como objetivo deixar os nativos arredios à civilização, mas, pelo contrário, integrá-los à cultura universal sem apagar os registros de suas tradições, expressas na musicalidade, na arte pictórica, nos artesanatos, nas festividades, na espiritualidade, nas línguas e nas lendas.

Assim é que o cacique Aritana ressente-se da atitude das novas gerações, que vêm apresentando pouco apreço aos conhecimentos dos pais e avós. Essa nova realidade agride um dos padrões mais importantes da tradição indígena, que é o respeito ao capital cultural dos anciãos.

A Constituição do Brasil determina que o ensino básico nas comunidades indígenas deve desenvolver-se de forma bilingue, na língua da tribo e na língua portuguesa. Aritana reconhece que a lei não tem sido cumprida nesse ponto, e também em outros, e faz cobranças às autoridades da República.

Como nem tudo é perfeito, uma das demandas que ele apresenta é prejudicial às comunidades indígenas e deve ter origem provavelmente em sugestão de algum intelectual romântico, sendo uma ideia que muito dificilmente passaria pelo crivo de homens sérios como Cândido Rondon ou Darcy Ribeiro. Trata-se da exigência de que o governo ceda verba, mas dê autonomia às tribos indígenas para contratar os médicos e os professores que acharem adequados, em vez de enviar, o próprio governo, esses profissionais. Isso pode parecer inofensivo à primeira vista, mas é uma estultice. Tomemos a rede estadual de ensino de São Paulo. Ela abre um concurso para 2.000 vagas de professores de Matemática e surgem 10.000 inscritos. Se o exame é bem preparado, os 20% mais qualificados são aprovados, alguns deles optando pelas escolas de comunidades indígenas. Era assim até o início do século XXI. Com aquela nova filosofia romântica, que Aritana abraça sem perceber que vem de gente equivocada, as aldeias indígenas do sul do município de São Paulo exigiram da Secretaria de Educação que determinasse que as vagas de docentes fossem preenchidas por professores guaranis, excluindo-as do universo de escolha dos professores concursados. Como não havia quadros suficientes de pessoas diplomadas no Estado de São Paulo, veio gente do Estado do Paraná, para preencher as vagas. Os professores passaram a ser todos guaranis, selecionados num reduzido universo de escolha. O resultado disso é que no primeiro exame geral (Saresp) realizado após completada a medida, a escola estadual Guyra Pepó ("Asa de Pássaro"), da região, ficou em último lugar entre os cinco milhares de unidades escolares estaduais de São Paulo. Foi um desastre que sequer o mais aguerrido crítico daquela "autonomia" teria sido capaz de prever. Das centenas de municípios do Estado, nenhum reivindicou essa autonomia para si, porque cada um sabe que isso seria danoso. Não poderia ser diferente com as comunidades indígenas.

Mas, engajado na luta preservacionista, Aritana, assim como ocorreu com Raoni, revoltou-se, com razão, contra o descaso ambiental mostrado pelo governo na construção da Usina Hidrelétrica de Belo Monte. Não era o caso de recusar a marcha do progresso, pois isso seria desrespeitar a memória de Rondon. O problema é que o Rio Xingu sofreu intervenção substanciosa sem que uma conversa sequer tenha ocorrido entre o governo e as lideranças indígenas, que têm suas orientações e objeções quanto ao projeto da usina, assim como a outros projetos.

Em 2004 ele enviou, junto com seu irmão Pirakumã, uma mensagem ao indigenista Moacir Melo, pedindo que a encaminhasse ao presidente da República da época. Num dos trechos ele dizia: "Pensávamos que você fosse gente! Você é o monstro que gosta de acabar com nossa floresta, nosso rio e nossa terra!" A carta termina com a frase: "Por favor, vamos trabalhar com alegria, paz, e carinho pela proteção ambiental do Brasil."

O respeito pela natureza é parte inegociável na tradição dos nativos das Américas. Darcy Ribeiro disse em relação aos indígenas com que ele conviveu: "Sabiam o nome de cada bichinho da floresta, de cada plantinha."

Mário Juruna. Nascido no ano de 1943, em Barra do Garça, Mato Grosso, e falecido em 2002, em Brasília, DF, o cacique Mário Juruna, da tribo xavante, foi o primeiro deputado federal do Brasil saído diretamente de uma aldeia indígena. Aos 17 anos sucedeu o pai na chefia da tribo e, depois de conhecer o "homem branco", passou a frequentar gabinetes na nova capital federal do país em busca de atenção para os problemas dos nativos.

Em 1982, tendo obtido domicílio eleitoral no Estado do Rio de Janeiro, candidatou-se a deputado federal pelo Partido Democrático Trabalhista (PDT), por insistência do sociólogo Darcy Ribeiro e do político Leonel Brizola. Eleito com 31 mil votos e falando português com acento de indígenas recentemente contactados, foi visto inicialmente pelos eleitores como alguém que não levaria a sério seu mandato. Entretanto, logo o país todo se surpreendeu com seu modo de negociar com as autoridades do Poder Executivo. Sempre com um gravador de áudio a tiracolo, todas as audiências que obtinha eram registradas em seu aparelho, porque, explicava, estava cansado de conhecer gente que não cumpria a palavra empenhada. Criou no Congresso Nacional a Comissão Permanente do Índio e denunciou, com fotos dos maços de dinheiro, o empresário Calim Eid quando este tentava comprar seu voto para o candidato Paulo Maluf na eleição congressual à presidência da República em 1984.

A causa indígena, sua plataforma, porém, não encantava os eleitores brasileiros, pois as tentativas seguintes de eleição ao mesmo cargo resultaram infrutíferas. Ele não se elegeu mais.

Morreu de diabetes em Brasília, depois de ser nomeado assessor parlamentar, e teve seu corpo velado no Congresso Nacional, em 17 de julho de 2002.

Davi Kopenawa Yanomami. Nascido em 1956, Davi Kopenawa é o principal porta-voz de sua etnia, o povo yanomami do norte do Brasil. Tornou-se conhecido internacionalmente em 1989 ao receber o Prêmio Direito de Subsistência (*Right Livelihood Award*). Depois disso, denunciou nos parlamentos britânico e sueco que um terço dos yanomamis morreu, entre 1959 e 1967, atingido por epidemias de gripe e sarampo, trazidas por garimpeiros clandestinos, os primeiros eurodescendentes a entrar em contato com a tribo. Kopenawa ficou órfão cedo, tendo perdido seu pai quando este foi vítima de uma daquelas doenças

Aprendeu a falar português através de missionários evangélicos ligados a uma igreja dos Estados Unidos. Assim, tornou-se funcionário da Funai, trabalhando como intérprete. Nos anos 1980 mudou-se de sua comunidade original, no Rio Tootototobi, para a aldeia Watonik, casando-se aí com a filha do pajé. Logo passou a ser chefe do posto indígena Demini.

Recebeu da ONU o Prêmio Global 500. Depois publicou na França, em 2010, o livro *La Chute du Ciel* (A Queda do Céu), em parceria com o amigo francês Bruce Albert. O livro foi traduzido e publicado também em inglês e português.

Viajando muitas vezes para outros países, principalmente da Europa, ele continua denunciando a crescente invasão de garimpeiros às terras yanomamis. Vem cobrando do governo brasileiro a instalação de um parque indígena na região. Em 2014, revelou estar recebendo ameaças de morte por parte de garimpeiros.

Marcos Terena. Nascido em 1954, no distrito de Taunay, município de Aquidauana, hoje no Estado de Mato Grosso do Sul, Mariano Marcos Terena foi alfabetizado em português ao sete anos de idade. Sua tribo, terena, é chamada de xané, pelos seus próprios integrantes. Marcos Terena é conhecido como "O Índio Aviador", apelido que ele usou também como título de um de seus livros.

Como Juruna, foi também uma aposta de Darcy Ribeiro e Leonel Brizola como candidato do PDT a deputado federal constituinte, em 1986, mas, sem o sotaque característico dos indígenas recém-contactados, não teve apelo exótico suficiente para lograr êxito na campanha, e não foi eleito, apesar do preparo intelectual que detém.

Aliás, desde criança, no primeiro ano primário, recusou o papel de bicho exótico e folclórico que tentavam atribuir aos meninos indígenas. Notou o grande preconceito que os eurodescendentes faziam transparecer em relação a ele e lutou desde o início contra isso. Uma vez foi chamado de "Japonês", e então descobriu a chave do progresso pessoal: misturar-se aos descendentes de japoneses de Campo Grande e camuflar sua identidade indígena, o que fez durante 14 anos. Como "Japonês", passou a ser respeitado na escola e conseguiu receber instrução adequada no curso primário e ingressar na escola secundária mais concorrida da cidade, o Colégio Estadual Campograndense, onde cursou o ginasial e o ensino médio. Foi aprovado nos exames da Academia da Força Aérea e aprendeu a pilotar aviões, tornando-se piloto comercial. Quando estava para obter o brevê, enfrentou dificuldades, porque sua identidade indígena já não era segredo. Pessoas vindas de aldeias indígenas tinham de ser tuteladas pela Funai, e não podiam ser pilotos de aeronaves como cidadãos comuns, conforme o entendimento das autoridades. Após três anos de análise de sua petição, com idas e vindas, a Força Aérea Brasileira autorizou a concessão do brevê, reconhecendo seus méritos pessoais. Passou a trabalhar então como piloto de selva da Funai.

Com seu irmão, Carlos Terena, criou os Jogos dos Povos Indígenas, evento que reúne em competições esportivas as várias tribos do Brasil e de países vizinhos, e resultou nos Jogos Mundiais dos Povos Indígenas, cuja primeira edição ocorreu em Palmas, Estado de Tocantins, em 2015, congregando atletas aborígenes de várias partes da Terra.

A história de Marcos Terena fazendo-se passar por "Japonês" para driblar o preconceito contra os indígenas, caída na mão do autor deste livro com a presente obra já em andamento e quase terminada, veio ao encontro da tese defendida aqui: se tivéssemos sido vistos como os orientais que somos, desde a chegada de Colombo, Vespúcio, Cabral, Cortez e Pizarro, e não como um ramo perdido e inculto de descendentes de indianos, sem nenhum demérito aos indianos, que nos legaram os algarismos e as religiões codificadas, se tivessem-nos enxergado como um ramo de japoneses, ou de chineses, teriam apostado em nós como grandes parceiros comerciais e culturais, e teríamos tido cinco séculos de progresso, em lugar de cinco séculos de tutela.

Ailton Krenak. Nascido na tribo Krenak, quando esta já contava com certo grau de miscigenação com eurodescendentes, em 1953, no Vale do Rio Doce, Minas Gerais, Ailton Alves Lacerda Krenak é amigo deste autor há muitas décadas. É escritor, ativista da causa indígena e professor na Universidade Federal de Juiz de Fora, em cursos de especialização, das disciplinas "Cultura e História dos Povos Indígenas" e "Artes e Ofícios dos Saberes Tradicionais".

Os que acompanhavam a política brasileira nos anos da elaboração da Constituição Federal de 1988 lembram-se de seu discurso inflamado na tribuna do Congresso Nacional, com o rosto pintado com tinta de jenipapo, denunciando o pouco caso dos parlamentares e das autoridades em geral na consideração pelos direitos dos povos indígenas.

Em Minas Gerais ele criou o Núcleo de Cultura Indígena, que, entre outras atividades, promove, desde 1998, o Festival de Dança e Cultura Indígena, nos municípios da Serra do Cipó.

Evo Morales. Nascido no dia 26 de outubro de 1959, na tribo aimará, da Bolívia, Juan Evo Morales Ayma é presidente da Bolívia desde janeiro de 2006. Antes de eleger-se, pelo partido MAS (Movimento ao Socialismo), ele havia ganhado notoriedade por ter, como líder dos cocaleiros, os agricultores de coca, confrontado e vencido os Estados Unidos no propósito de substituir o plantio daquele chá nas áreas indígenas por cultivo de bananas.

Ainda há suspeita de que parte da coca boliviana seja usada para produção e exportação clandestina de cocaína, mas Evo Morales, ao longo de seu mandato, tem garantido que sempre "haverá zero cocaína e zero tráfico de drogas, mas não zero coca", já que o cultivo e o uso da planta são parte essencial da cultura andina.

Sua política tem reduzido a pobreza no país, mas ele pode sujar sua biografia se insistir no projeto de tornar-se caudilho, com suas tentativas de abolir constitucionalmente o limite do número de reeleições presidenciais, como fez recentemente Xi Jinping, da China.

Daniel Munduruku. Nascido em Belém, Estado do Pará, em 28 de fevereiro de 1964, Daniel Munduruku, atualmente radicado em São Paulo, é professor de Filosofia e escritor, com cinquenta livros infanto-juvenis publicados.

Com mestrado em Antropologia e doutorado em Educação pela Universidade de São Paulo, quando o questionam se é índio ou não ele responde que "índio é uma invenção social, um folclore". O que ele pode garantir é que descende da tribo munduruku e que decidiu abraçar a causa indígena, como escritor indígena, em contraponto aos escritores indigenistas, como José de Alencar e Gonçalves Dias, que, diz ele, criaram estereótipos danosos. Seu primeiro livro chama-se "Histórias de Índio".

Entre os vários prêmios que recebeu está um troféu Jabuti, além de medalhas da Unesco, da presidência da República do Brasil e da Academia Brasileira de Letras.

Eunice Baía. Nascida em 2 de junho de 1990, em Barcarena, Pará, Eunice Barros Baía, descendente de indígenas da tribo baré, com mestiçagem apontada no sobrenome, mas carregando traços nativos indistinguíveis, protagonizou, aos oito anos de idade, o longa-metragem "Tainá – Uma Aventura na Amazônia", dirigido por Tânia Lamarca e Sérgio Bloch e lançado em janeiro de 2001. A produção selecionou-a num universo de 3.000 crianças de todo o Brasil. Durante as filmagens, Eunice se apegou fortemente a Noêmia Duarte, diretora de elenco. Depois de concluídos os trabalhos, ela passou a chorar muito, dizendo aos pais, em Belém, onde morava, que queria ir para São Paulo, para estar com sua tutora. Os pais enfim cederam e concederam a guarda dela a Noêmia, que em São Paulo passou a tratá-la como filha, encaminhando-a nos estudos e sendo chamada de "Mamu", o apelido carinhoso que Eunice inventou para ela.

Sete anos depois Eunice atuou em Tainá II, mas nessa altura já havia decidido que não queria continuar a carreira de atriz, porque o que gosta mais de fazer é desenhar. Ingressou no curso de *Design de Modas* do Centro Universitário de Belas Artes de São Paulo e hoje é graduada na área, à qual se dedica profissionalmente. É casada e tem um filho pequeno.

Mesmo tendo decidido afastar-se da causa indígena na vida adulta, a mensagem da obra "Tainá", em defesa da fauna e da flora da Amazônia, que ela legou às gerações seguintes, é documento vital na história das Américas. Com seu rosto de japonesa, seu talento e sua trajetória, ela encarna involuntariamente a tese defendida neste livro como poucos poderiam fazer.

10.
Conclusão

Exemplos como o de Marcos Terena, de indígena passando-se por japonês para escapar da discriminação negativa e da tutela, devem existir muitos ao longo do continente americano, do Alasca à Terra do Fogo. É só uma questão de procurar e achar.

Quando começou a onda dos decasséguis, dos nisseis migrando para o Japão, para lá trabalhar e ganhar algum dinheiro, surgiu a notícia de que no Peru indígenas estavam fazendo cirurgia plástica nas pálpebras para ir trabalhar no Japão como descendentes de japoneses. Certamente, um ou outro caso funcionou.

Para nós, nas Américas, a grande diferença de fenótipo entre indígenas e japoneses está mesmo no formato das pálpebras. Somos de um ramo oriental que tinha olhos parecidos com os de europeus e africanos. E é por causa disso que por cinco séculos negaram a teoria asiática para origem dos povos da América, sem atenção ao trabalho do historiador William Hickling Prescott, do século XIX, sobre a origem oriental, mas insistindo infundadamente na teoria autóctone, que justificaria uma "raça vermelha". Certamente temos pele mais escura que a dos chineses e japoneses, chamados "amarelos", mas achar que nossa pele era vermelha exigia um grande esforço de teorização.

Se, em lugar de descobertos por europeus no fim do século XV tivéssemos sido descobertos nessa época por japoneses ou chineses, navegando para o leste no Oceano Pacífico, teríamos sido vistos por eles como seus parentes, e nossa história teria sido completamente diferente.

Hoje a teoria autóctone está descartada, e desponta a teoria asiática como a única plausível para explicar nossa origem. O que ainda não sabemos é de qual ilha, ou de quais ilhas, da vastidão do Oceano Pacífico, nós partimos, ou se viemos do continente, onde se encontram vietnamitas, coreanos, chineses e mongóis. De qualquer modo, se viemos das ilhas, os que estavam nessas ilhas vieram do continente.

Não sabemos ainda se é coincidência casual o fato de a língua tupi-guarani, anterior à contaminação com as línguas ibéricas, desenvolver-se sem o som da letra "L", como a língua japonesa. Ora, as nações mapuche, aruak, quíchua e as da América do Norte usam essa letra, assim como as muitas outras tribos menores. E uma das pequenas diferenças entre o tupi e o guarani é que esta tem a letra "V", que nas palavras do tupi é quase sempre substituída por "B", como é o caso da palavra "terra", que é "yvy" em guarani e "ibi", ou, dependendo da região, iuí, em tupi. Assim, o tupi, que era a língua de quase toda a costa brasileira, não tem o som de "V". Exatamente como na língua japonesa.

Somos, sim, de origem oriental. No entanto, a ideia ainda não está incorporada no comportamento das pessoas. O paradigma dos séculos anteriores, de enxergar os nativos das Américas como um ramo perdido, atrasado e pobre de indianos, continua muito forte nas mentes. E a "base instalada", através de governos e leis, é a da tutela, sustentada na visão de que os indígenas somos povos inferiores.

O que somos? Se considerarmos os japoneses e os povos do continente, chineses e parentes mais próximos, como o primeiro grande ramo dos orientais, os povos das ilhas mais ao sul, como os filipinos, os indonésios, os malásios, e também os havaianos, como o segundo grande ramo, então nós nativos do continente americano somos o terceiro grande ramo.

No afã de negar cidadania, e, portanto, isonomia, aos indígenas, a Suprema Corte dos Estados Unidos determinou, no dia 3 de novembro de 1883, que nativos americanos não são... americanos. Que são estrangeiros, sem direito a independência e, consequentemente, sem direito a igualdade perante a lei frente a outros cidadãos do país em que nasceram. E isso não foi ato discricionário do tribunal, pois anos antes, em 1º de abril de 1866, o Congresso do país tinha aprovado a Lei dos Direitos Civis, concedendo direitos iguais às pessoas nascidas no território, à exceção dos indígenas.

No século XX, de posse de conhecimentos históricos e antropológicos antes ignorados, governos progrediram, ainda que lentamente, no sentido da extensão de direitos aos indígenas. Consta, nessa trajetória, a "Lei de Proteção das Tumbas dos Nativos

Americanos e Ato de Repatriação de Seus Corpos", documento assinado pelo Presidente George Herbert Bush no dia 16 de novembro de 1990. Não se pode negar que essa lei representou uma mudança no tratamento em relação aos antigos ocupantes das terras, exigindo respeito às tradições.

Entretanto, por mais que se avance oficialmente na questão da isonomia, a população e os agentes públicos continuarão por décadas e décadas, talvez séculos, vendo os indígenas como pessoas dependentes, incapazes e merecedores de tutela. Em nome da verdade científica, é necessário que campanhas sejam levadas a efeito visando soterrar esse passado de perdas econômicas e sociais. Pois os indígenas podemos produzir e contribuir com o avanço da sociedade se os civilizados entenderem que as tribos nativas podem civilizar-se tanto quanto os descendentes de europeus, africanos e semitas, mesmo antes de miscigenar-se, já que somos orientais como os chineses e japoneses, apenas separados deles há milênios, muito antes da instituição do feudalismo e da criação da escrita.

Os jesuítas tentaram, nas Reduções, baseados na Carta de Tiago ("Se fazeis acepção de pessoas, cometeis um pecado") e nas Cartas de Paulo, que igualmente condenam "fazer acepção de pessoas", elevar os indígenas, transformando-os em pessoas plenas, através de educação, arte e trabalho. Buscavam resgatar o cristianismo dos neoplatônicos, que rejeitava a escravidão, ao contrário da doutrina que veio a partir do século XIII com a incorporação de Aristóteles e sua avaliação de que "povos atrasados é que libertam seus escravos". As guerras, finalmente, destruíram as Reduções e as Américas retomaram, de ponta a ponta, sua prática de enxergar o indígena como incapaz.

Recônditos. Indígenas costumam ser discretos?

Mais um traço oriental, em comum com a cultura dos japoneses, identifica-se na atitude dos "caiçaras", os indígenas do litoral de São Paulo que se refugiaram no sopé da Serra do Mar após a derrota de Aimberê contra as tropas portuguesas na Baía de Guanabara em 1557. Muitas dessas aldeias, como se disse acima, mantiveram-se arredias ao contato com eurodescendentes por cinco séculos, protegidas das populações do Planalto Paulista pela imensa barreira que é a Serra do Mar. No início do século XXI, em ilhas do Pacífico, foram encontrados alguns japoneses ex-combatentes da II Guerra Mundial, vivendo escondidos nas matas há mais de 50 anos. Um deles justificou scu isolamento dizendo que acreditava que a guerra não se encerrara e que ele não queria mais participar de guerra nenhuma. Foi custoso convencê-lo de que a II Guerra terminou em 1945.

Legado. Indígenas tivemos influência no Velho Mundo?

Por entenderem que somos como crianças, indignos de exercer a cidadania, nossos governantes, cidadãos e intelectuais em geral estiveram impedidos de perceber nossas influências, positivas e negativas, no desenvolvimento da civilização americana atual. E a América seria apenas uma Europa transplantada, fora do lugar, se não fossem nossas influências ameríndias.

Ao contrário, através da civilização americana nós mudamos o mundo. Vejamos alguns desses itens de cultura que a humanidade absorveu sem consciência da fonte.

Federalismo. A ideia de federação não é coisa antiga. Hoje a União Europeia tenta consolidar-se como uma federação, espelhada nos Estados Unidos e na proposta de Thomas Jefferson, desde que Winston Churchill discursou, em 1947, sugerindo a criação dos "Estados Unidos da Europa". Quatro anos depois foi criada a Comunidade Europeia do Carvão e do Aço, com seis países-membros – França, Alemanha, Itália, Bélgica, Holanda e Luxemburgo -, que se constituiu no núcleo inicial do que é hoje a União Europeia.

No Velho Mundo, antes da descoberta da América, uma união de Estados tinha uma das seguintes duas origens: ou (a) vinha de incorporações, feitas por algum imperador – como Ciro II da Pérsia, Júlio César de Roma e Gêngis Khan da Mongólia -, quase sempre por conquistas de guerra, ou (b) era formada *ad hoc*, apenas como um meio de enfrentar uma ameaça bélica externa, como foi a Liga de Delos, fundada sob orientação de Atenas em 478 a.C., com o objetivo de enfrentar o Império Persa. O Sacro Império Romano-Germânico foi uma tentativa feita pelo Papa Leão III, ao coroar

Carlos Magno, de estabelecer um grande império, revivendo o Império Romano do Ocidente, através da força da religião, não de exércitos, mas, apesar de ter durado de 800 até 1806, quando foi extinta por Napoleão Bonaparte, a entidade nunca exerceu papel de império unificado de fato, embora o poder papal, não o dos imperadores, tenha sido o traço de união dos Estados-membros ao longo daquele milênio.

A construção do conceito de federação, como veio a consolidar-se na criação dos Estados Unidos, iniciou-se com as uniões de tribos indígenas empenhadas em guerrear contra os colonos europeus. De início formou-se uma federação incipiente entre os remanescentes dos povos maias, com suas cidades-estados. A cultura maia, já enfraquecida nas guerras com outras nações indígenas, não pôde sustentar essa federação por muito tempo – há a hipótese alternativa de que o colapso se deu por um longo período de seca no século X.

A federação não era uma união meramente guerreira, pois congregava povoações de língua e cultura comuns, da Guatemala e do leste do México. O mesmo ocorreu na guerra de Cunhambebe-Aimberê, no Rio de Janeiro, quando Aimberê, por sua própria iniciativa, organizou entre os caciques tupinambás do norte de São Paulo e do litoral fluminense a Confederação dos Tamoios (1556). Poucas décadas depois, no fim daquele século, o chefe powhatan, Wahunsunacock, criou a federação dos nativos de língua algonquiana, no leste da Virgínia, Estados Unidos, cobrando tributos regulares das 30 tribos congregadas, pelos serviços prestados pela chefia geral. Quando os ingleses aportaram ali, em 1607, aquela federação já estava em curso.

Mais tarde, os guaranis das Missões jesuíticas do sul do Brasil e das vizinhanças de Uruguai, Argentina e Paraguai reuniram-se também em federação para enfrentar os ibéricos.

Entretanto, o que inspirou Thomas Jefferson em sua formulação foi a história dos próprios Estados Unidos, seguramente a federação do chefe powhatan.

No Brasil, assim como em outros países teoricamente federados, a federação vem correndo riscos. Quanto mais autoritária, ou plebiscitária, é a filiação doutrinária do governante de plantão, mais ataques são desfechados contra o federalismo. Assim é que em 2003 foi criado um ministério das "cidades", para recapear alfalto de ruas e canalizar córregos, passando por cima dos prefeitos do interior. E em 2018, além da decisão de substituir o documento de identidade pessoal estadual por um documento nacional, criou-se também um ministério da "segurança", para passar por cima dos governadores estaduais na gestão do trabalho policial. Quem julga ser irrelevante a diferença entre federação e Estado unitário, deve observar o fato de que os Estados Unidos, em dois séculos e meio de existência como país independente, jamais caiu em ditaduras. A razão é o respeito à federação, porque a primeira medida de um ditador é abolir a descentralização do poder. Nos Estados Unidos eles não convencem, apesar de haver certo grau de unitarismo por conta da união monetária, representada no dólar.

Hospitalidade. Teoricamente, a prática da hospitalidade está incorporada na civilização europeia. Contudo, a circulação de bandoleiros pelos povoados medievais, assim como de portadores de doenças contagiosas fatais, levou à fortificação das entradas das residências das famílias, não apenas dos palácios. O temor de ser atacado pelo semelhante tornou arredios os europeus. Entre os semitas da Antiguidade não havia uma situação melhor, como atestam os textos bíblicos. Mas na América as portas eram abertas, isto é, nas construções de pedras as portas eram vãos, sem folhas para abrir ou fechar. A confiança no semelhante era quase absoluta.

Os europeus, indivíduos desconhecidos, sendo recebidos como se fossem velhos amigos, levaram para o Velho Mundo o relato de como a espécie humana agia quando imbuída de simplicidade e inocência. Estes aspectos encantaram, por exemplo, o pesquisador francês Claude Lévi-Strauss, ex-professor da USP e autor do livro "Tristes Trópicos", entre muitos outros. Logo as epidemias se alastraram por aqui, trazidas por doenças contagiosas europeias para as quais os nativos não tinham anticorpos. Morriam as crianças indígenas enquanto as dos filhos dos colonos sobreviviam. Sem explicação para esse fato, vários chefes indígenas rebelaram-se contra os imigrantes que haviam sido recebidos de braços abertos. Além das doenças, revelaram-se também a ganância e a disposição de tratar os nativos como gente inferior, que poderia ser escravizada e tutelada.

Não fossem as doenças contagiosas e as atitudes preconceituosas e hostis – não podemos esquecer que muitos aventureiros vinham para a América em navios carregados de pessoas insociáveis e até de condenados -, a prática hospitaleira teria sido mantida ao longo de séculos, como um ensinamento valioso para os colonos.

Equilíbrio. Enquanto os indivíduos do Velho Mundo precisaram do budismo e do cristianismo para lhes lembrar que somos todos iguais perante o criador e que, em consequência, as leis devem considerar os cidadãos como iguais em princípio, nós nativos das Américas temos em nosso comportamento o sentido do equilíbrio, do tratamento igualitário e da rejeição à quebra de acordos. A discriminação negativa de um indígena frente a outro indígena, cometida por um terceiro, é ofensa grave. Inaceitável também é a discriminação positiva, o privilégio, sem que o mérito axiológico esteja associado.

Foi, portanto, um processo agressivo dos eurodescendentes em relação aos nativos não miscigenados fazê-los engolir a ideia de que não têm autonomia, não merecem gozar de isonomia frente a outros povos e devem ser tutelados. Muitas das guerras ocorridas entre nativos e o Exército dos Estados Unidos tiveram seu início exatamente no anúncio de medida de transferência das tribos para reservas, o que representava discriminação negativa, tutela e isolamento, além de desrespeito em relação ao modo de vida tradicional daquelas nações.

Quanto à Guerra Guaranítica, nas Reduções, o conflito veio como uma resposta à perspectiva de escravidão iminente, uma vez que a defesa contra os bandeirantes lusófonos caçadores de escravos estava na proteção que a coroa espanhola garantia àquelas comunidades. Entregando-as ao jugo português, o rei da Espanha tornava-as automaticamente presas da cobiça dos escravagistas.

A introjeção da violência simbólica aparentemente ocorreu, com os indígenas aceitando a tutela e até a discriminação negativa. No entanto, o que pode ter havido foi a constatação da inferioridade militar, como fez o guerreiro Falcão Negro, com uma consequente atitude coletiva de subserviência.

Se tivéssemos sido vistos como iguais, não como crianças incapazes, poderíamos ter mostrado aos europeus que eles deveriam seguir o papa em sua oposição à escravidão. O cristianismo europeu, como dito acima, enquanto esteve inspirado nas ideias de Platão, rejeitou peremptoriamente a escravidão, de tal forma que, por volta do ano 1000, ainda que tolerasse a condição de servidão, só convivia com regimes escravagistas nos governos víquingues da Dinamarca e na ocupação muçulmana da Península Ibérica.

A Igreja Católica, desde sua instituição oficial em Roma no início do século IV, reprovou a escravidão, embora um documento papal específico sobre o tema viesse à luz apenas no ano de 1435, na bula *Sicut Dudum*, do papa Eugênio IV. Outros textos papais se seguiram, incluindo a encíclica *In Plurimis*, do Papa Leão XIII, que conclamava os bispos do Brasil a apoiarem Dom Pedro II e a Princesa Isabel em sua decisão de abolir a escravidão no país. A consolidação da visão cristã nesse terreno veio no século VII, com a Rainha Bathilde, esposa do Rei Clóvis II da França. Antes de tornar-se rainha ela havia sido escrava e, no trono, instigou o rei a perseguir sem trégua a prática da escravidão. Sim, a Santa Sé e os papas sempre se opuseram à escravidão, mas Aristóteles, que a Igreja aceitou no século XIII, achava, diferentemente de Platão, que a instituição escravagista era um sinal de avanço ("Tratado da Política"). Por isso é que durante o mercantilismo a voz do papado ficou esvanecida nessa questão e o comércio de escravos floresceu.

Para não deixar a impressão de que há uma rigidez absoluta da regra da isonomia, convém lembrarmos que a cultura indígena aceita uma discriminação positiva natural, que é a ascendência dos anciãos. No extremo oposto, aceita também a necessidade de tutela da criança. A discriminação etária é hoje cultivada mundialmente, com o entendimento de que direitos de crianças, adolescentes e idosos têm distinção em relação aos direitos dos adultos membros da população economicamente ativa. Nós "ameríndios" respeitamos os anciãos de um modo mais profundo que os antigos semitas, os povos africanos e nossos remotos ancestrais do Extremo Oriente. Como estávamos submetidos a inúmeras intempéries, a morte por picadas de cobra e de mosquito, por afogamentos, por verminoses e por muitos outros males tornava muito reduzida a média de vida das tribos da floresta. Quem alcançava a velhice dava mostras de ser detentor de um prêmio natural, uma bênção do Grande Espírito, ou de Tupã. Talvez isso contribuísse para o grande respeito angariado dos mais jovens.

O respeito aos anciãos estende-se ao semelhante em geral, ainda que em menor grau. O indígena evita interferir no modo de ser do outro. Se um nativo está angustiado e quer pôr para fora aquilo que o atormenta, disse Darcy Ribeiro numa conversa de que este autor participou, então ele pode sair gritando na praça da aldeia, com os brados mais lancinantes, sem que isso cause irritação ou espanto nos demais.

Defeitos. Faz parte da condição humana possuir qualidades ao lado de defeitos. Mesmo que um indivíduo se julgue perfeito em seus comportamentos, para os indivíduos de seu círculo de convivência, parte de seu arsenal de condutas positivas forma um conjunto de práticas defeituosas, como a própria pretensão de se julgar perfeito. Como escreveu Vilfredo Pareto, está na condição natural do ser humano a necessidade de discordar – ele teria classificado isso como um "mecanismo de defesa", se tivesse usado terminologia freudiana. Assim, se casualmente conhecermos um indivíduo perfeito, logo nós lhe atribuiremos uma falha.

Como somos, assim como todos os outros povos, gente imperfeita, não podemos esconder nossos problemas, ainda mais porque há chance de corrigi-los quando os explicitamos.

Aquele que pode ser classificado como nosso maior defeito é consequência de uma de nossas qualidades positivas, a hospitalidade. Trata-se de nosso *desprezo pelos compatriotas* e por suas produções. Assim como recebemos bem o estrangeiro, pelo menos nos primeiros tempos, e valorizamos exageradamente os produtos que eles trazem, assim também recebemos com má vontade nossos próximos, em etnia, língua e costumes, e rejeitamos suas ideias e suas invenções. Os habitantes eurodescendentes dos Estados Unidos, que se miscigenaram muito pouco com os nativos, escapam desse destino. No restante da América, só valorizamos o estrangeiro. Se alguma pessoa, ou alguma comunidade, sabe apreciar a produção de seus semelhantes, dos nativos, é porque passou por um trabalho doutrinário, de conscientização. Do contrário, o progresso próprio é sempre visto como menor e de pouca valia. Um livro escrito na Espanha é visto como superior a um livro escrito no México, na mesma temática e na mesma língua espanhola, ainda que o do México seja melhor. O mesmo se dá com uma obra cinematográfica, uma pintura, uma sonata ou uma bicicleta.

Outro problema cultural nosso é que não damos importância ao relógio, mesmo tendo sido um aparelho trazido pelos europeus, junto à prática de respeitar horários de compromissos. Continuamos a chegar *atrasados* a eventos previamente programados, como se isso não trouxesse prejuízos. Os europeus estavam acostumados com relógios desde a Antiguidade, com relógio de sol, e, desde as primeiras décadas de Alexandria, com o relógio hidráulico de ponteiro criado por Ctesíbio. Nós, ao contrário, não nos adaptamos a esse instrumento, nem no começo, em 1500, nem agora, nos anos 2000 e pouco.

A paixão por armas de fogo foi imediata nos Estados Unidos. E mesmo tendo havido quantidade muito pequena de casamentos entre nativos e europeus, aquela tendência dos indígenas em seu encantamento pelas *pistolas* contaminou o país por longo tempo. Desde o século XVII, apenas no ano de 2018 é que se iniciou um movimento juvenil de cobrança de restrições ao uso de armas.

Outro costume de consequências nefastas, embora pareça coisa inocente, é esse de contar *mentiras mirabolantes*. Não se trata de uma história qualquer, mas de uma invenção fantasiosa. Mais uma vez, os habitantes dos Estados Unidos são os que mais se deixaram arrastar por essa prática. Lembremos a pregação do xamã Wovoca, alardeando que se os nativos ampliassem a força e o contingente da participação no ritual da "dança dos fantasmas", a Terra engoliria os eurodescendentes. Vistos por todos os ângulos, isso parece conversa de gente mentalmente avariada, mas muitos nativos se deixaram convencer por ele, inclusive Touro Sentado, que, por causa da adesão, teceu um fim trágico para si.

Ainda no campo das mentiras mirabolantes, tivemos o ensinamento do chefe Quanah Parker, um dos líderes da Igreja Americana Nativa (NAC), ao repetir que: "O homem branco vai à igreja e conversa sobre Jesus, mas o indígena vai à tenda e conversa com Jesus". Ora, o homem branco dirige-se a Jesus, na esperança de ser escutado. E fala sobre Jesus na igreja. Ter a pretensão de conversar com Jesus, mesmo que ocorra a um ou a outro, não é algo que se alardeie. Mas Quanah Parker não temia cair no ridículo ao fazer aquela afirmação. E inspirou correntes religiosas que se desenvolveram no século XX a partir daquela crença. Se não convenceram a muitos nos Estados Unidos, espalharam-se como chama em rastilho de pólvora na América Latina e em outros continentes.

A velha "conversa de pescador", em que o indivíduo se gaba de ter pescado peixes colossais, animais fantásticos ou objetos inusitados do fundo das águas, é uma das tradições que vêm daquelas mentiras inocentes. O fato não traz nenhum problema quando fica delimitado ao campo da ficção, e deve continuar sendo cultivado, até mesmo como exercício de criatividade. Esta é a base do estilo "realismo fantástico" da literatura latino-americana. Mas as mentiras mirabolantes que podem causar danos, essas devem ser coibidas e, definitivamente, abandonadas.

Finalmente, temos de registrar um traço muito negativo de nossas fraquezas: a queda por *destilados* e *tabaco*. Quando Colombo aportou em nossas praias, em 1492, ainda não havia sido inventado o álcool destilado, como o uísque, a aguardente, ou qualquer um desses afogueados líquidos que levam o usuário a se embriagar rapidamente, e que passaram a ser chamados de "bebida". O destilado só veio à luz em 1498, na Grã-Bretanha. Mas, trazido pelos colonos, o líquido logo encantou os nativos. Entregavam ouro, prata e diamantes em troca dessa mercadoria de baixo valor. Os colonos também processavam o tabaco, tradicionalmente usado pelos nativos, em vistosos cigarros, para levar para a Europa, mas negociavam com os indígenas também essa peça. Na Europa, nosso tabaco se alastrou como um item quase obrigatório de diversão, tanto que Pedro I da Rússia, tendo aprendido sobre isso na Holanda, ao subir ao trono obrigou os conselheiros a cortar a barba, como os europeus ocidentais, e a aprender a fumar. Hoje sabemos que o hábito é prejudicial à saúde e tentamos aboli-lo. Mas o costume de ingerir destilados, que é muito mais trágico, continua em vigor.

Ira Hamilton Hayes foi um caso emblemático. Nascido em 1923, indígena da tribo pima, do Arizona, foi um dos seis heróis imortalizados na foto de Joe Rosenthal, da Associated Press, do hasteamento da bandeira dos Estados Unidos no Monte Iwo Jima, Japão, na II Guerra, em 23 de fevereiro de 1945.

Os seis militares da foto receberam todas as honras a que os heróis fazem jus, tornando-se celebridades. Quando procurados, anos depois, para novas homenagens, cinco deles foram localizados e estavam bem. Hayes, porém, o único indígena do grupo, estava entregue ao alcoolismo. Morreu na noite de 23 para 24 de janeiro de 1955, embriagado e exposto ao frio. O compositor popular Peter La Farge prestou-lhe tributo na canção "Balada de Ira Hayes", que foi gravada por Johnny Cash (ouça em **bit.ly/1m6gLJz**).

No Brasil, a Funai paga benefícios mensais a muitos indígenas. Grande parte deles gasta tudo o que recebe nos primeiros três ou quatro dias do mês, com bebidas destiladas. Alcoolismo é doença, oficialmente reconhecida pela medicina, e esses indígenas são vítimas, como se fossem vítimas de qualquer outra epidemia. Os românticos rejeitam a crítica ao uso de benefícios públicos para compra de destilados, mas são os mesmos que querem "poupar" os indígenas de serem atendidos por professores e médicos selecionados no amplo universo eurodescendente.

É hora de fazer algo contra isso. Um caminho é proibir terminantemente a compra de destilados por maiores de 21 anos, liberando-a para pessoas de 16 a 20, com multa aos infratores. Tal medida inverte a política tradicional de ligar a liberdade de beber álcool às pessoas maduras e o objetivo é derrubar o glamour do negócio. Se é um artigo liberado apenas para adolescentes, a leitura que os cidadãos responsáveis têm de fazer é que para ser adulto é necessário escapar daquilo. A proibição total, para todas as faixas etárias, como na Lei Seca dos Estados Unidos, não funciona, como já sabemos, uma vez que os dependentes pagarão qualquer preço para obter o produto, em mãos clandestinas.

Perspectivas. O uso do *mappa mundi* centrado no Pacífico traz alguma vantagem?

Essa perspectiva da proibição dos destilados para adultos é uma das possibilidades entre medidas a serem tomadas para melhorar a vida dos indígenas. Neste caso, para melhorar a vida da sociedade em geral.

Vamos então falar de sugestões que podem inverter o destino triste dos povos nativos das Américas como pintado nos dias de hoje.

Mapa. Como orientais de origem, e ligados ao Oceano Pacífico, fomos acostumados desde cedo, e há séculos, a ler o planisfério, o *mappa mundi* impresso em papel, desenhado para os europeus, com a Europa Ocidental e o Oceano Atlântico no centro. Os países do Extremo Oriente usam o outro lado do mapa, vendo-o com o Oceano Pacífico no centro, ficando a Ásia à esquerda e a América à direita de quem olha.

A primeira demanda prática deste livro é, pois, a utilização do mapa oriental, com o Oceano Pacífico no centro, a ser usado nas escolas de comunidades indígenas, tanto na América do Sul como nas Américas Central e do Norte. Isto servirá para lembrar sempre de onde viemos, com vistas a aumentar a autoestima e o orgulho pela condição de descendentes de orientais. Com o passar do tempo, o planisfério centrado no Pacífico poderá ser adotado nas escolas de eurodescendentes de todas as Américas, ao lado do planisfério ocidental. E não haverá perda cultural se adotarmos definitivamente o planisfério oriental, deixando o ocidental para os europeus e africanos. Isso não significa que a América passa a fazer parte do Oriente. Continuaremos ocidentais, mas cientes das origens orientais.

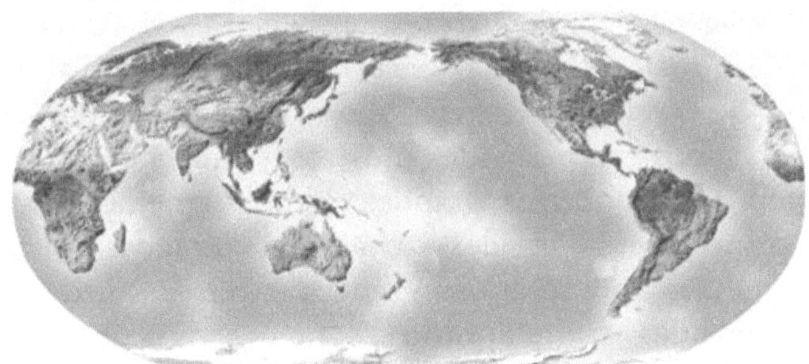

mappa mundi centrado no Pacífico

A adoção do mapa é um início de mudança de consciência, mas sozinho pode não trazer efeitos práticos. Saber que o grupo étnico é ligado aos chineses e japoneses não é suficiente para garantir uma nova realidade. Pode-se tomar como exemplo disso a etnia *hazara*, no Afeganistão. É um grupo claramente aparentado aos chineses, que estão ali perto. No entanto, até a derrubada do governo ditatorial dos talibãs, em 2001, esse grupo sofreu discriminação comparável à dos indígenas das Américas. Hazaras não podiam ingressar em curso superior e não podiam fazer parte do serviço público, recaindo sobre a mulher uma carga ainda maior de restrições. Agora, no regime democrático, mesmo sendo ele incipiente, a abertura chegou para aquela gente, que, finalmente, tem status cidadão.

Ministério. Em cada país das Américas, o Ministério da Educação deve incumbir-se de orientar seus professores do ensino básico a enxergar em cada criança nativa um parente de Kurosawa, Mutsuhito, Yoko Ono, Bashô, Tomie Ohtake, Deng Xiao Ping, Confúcio, Lao Tsé e Ban Ki-moon, isto é, vê-la como descendente de povos orientais tanto quanto estes nomes citados o são.

A profecia auto-realizadora que se instalou na cabeça de cada docente nestes cinco séculos de visão errada sobre os nativos precisa ser invertida. Ela antes vaticinava que os meninos indígenas são inferiores, incapazes e destinados à tutela por parte do poder público. A partir deste início de milênio ela deve ter em conta que, assim como os povos do Extremo Oriente cresceram espetacularmente no campo da educação nos últimos tempos, da mesma forma seus parentes "indígenas" poderão crescer, e elevar as Américas a um patamar muito mais alto que o atual no cenário mundial. O "efeito Pigmaleão", ou "efeito Rosenthal", agora, deve embutir a perspectiva de que os meninos serão grandes músicos, grandes pintores, grandes leitores, grandes engenheiros, grandes médicos, grandes paramédicos, grandes professores, grandes aviadores, grandes funcionários públicos, grandes empresários, grandes operadores de máquinas industriais, grandes comunicadores, grandes agricultores, grandes agentes econômicos e grandes profissionais em qualquer atividade que a sociedade demande.

Tal campanha deve ser feita em textos impressos, em palestras presenciais, em vídeos e em todas as formas possíveis de comunicação.

E temos de negar o atendimento do pedido do cacique Aritana, sobre conceder autonomia para que as comunidades indígenas escolham médicos e professores, pois essa ideia de exclusivismo romântico não é coisa de indígena, mas maldade plantada na cabeça deles por enganadores, inimigos demagógicos da causa dos nativos.

Porta-voz. A Fundação Nacional do "Índio" - *Funai*, no Brasil - e suas equivalentes nos demais países da América precisam ter como presidentes pessoas originárias das tribos nativas, desde que detentoras de instrução formal condizente com o cargo. Deve ser assim porque, por mais que um "branco" grande estudioso da causa tenha conhecimentos e comprometimentos, ele não absorveu na infância o cerne da cultura desses povos. Já o segundo cargo na hierarquia da fundação deve ser ocupado por um sertanista de ascendência europeia ou africana. O cargo é o de *porta-voz*, ou relações públicas, mas com atuação abrangente, começando pelo papel de corta-fogo, não para impedir que os costumes europeizantes alcancem as comunidades nativas, mas para evitar, por persuasão e informação, que as tradições culturais próprias das tribos deixem de ser valorizadas pelos jovens e percam-se no emaranhado inevitável de aquisições de dados que a abertura ao mundo traz. A queixa do cacique Aritana quanto ao desprezo dos adolescentes pela cultura tradicional indígena é mostra clara de que o defensor do tesouro dos valores legítimos da ancestralidade deve ser alguém de fora da comunidade. Aritana precisa hoje de um profissional como Orlando Villas-Bôas, e o poder público deve cuidar de nomear esse agente, em posição de proeminência. Os sertanistas contratados existem, com suas competências, mas é necessário dar posse a essa figura especial, que é o porta-voz da Fundação.

Oriental. A sugestão que segue implementa-se mediante aprovação nos parlamentos nacionais. Trata-se do estabelecimento das "*cidades orientais*". Primeiro, as reservas indígenas de tamanho pequeno ou médio tornam-se indiscriminadamente "*municípios-reservas*", com prefeitos eleitos para mandatos quadrienais e com toda a estrutura dos municípios comuns, mesmo que mantenham as funções de cacique e pajé. Uma reserva muito grande, como a "Raposa Serra do Sol", ou um parque indígena nacional, como o Xingu, estes se dividem em vários municípios-reservas, conforme a disposição geográfica das aldeias.

Já uma "cidade oriental" é um município-reserva que opte pela emancipação de seus habitantes, com a abolição de toda tutela oficial sobre indivíduos adultos. As crianças passam a receber do governo o mesmíssimo tratamento que recebem as crianças dos municípios não indígenas do país, com a diferença de que os professores que lá atuem sejam instruídos pelas autoridades de educação a olhar os alunos como ramos promissores de descendentes de povos do Extremo Oriente, imbuindo-se desse espírito libertador. Continuarão, como nas demais reservas, a receber instrução na língua nativa da tribo e na língua oficial do país, mas passarão a ser enxergados como garotos que se preparam para uma vida adulta emancipada, de cidadãos, não de indivíduos tutelados. Certamente, para tornar-se "cidade oriental" o município-reserva deve contar com quadros dirigentes preparados, com ensino médio completo, pelo menos.

Apenas em mais um aspecto as "cidades orientais" distinguem-se dos municípios ordinários do país: elas recebem atenção dos Estados-membros, como é esperado, mas também recebem *atenção especial* do poder federal, no que tange a investimentos, durante as primeiras décadas de existência, os primeiros 50 anos, por exemplo. A condição não é perpétua para não atentar contra o federalismo. E aos que imaginarem que essa atenção especial pode levar a uma nova forma de tutela, explica-se que não haverá tutela sobre indivíduos e que essas cidades devem ser vistas como diamante a ser lapidado, que nunca mais esteja à mercê de garimpeiros gananciosos ou de governos inconsequentes.

Nos "Jogos dos Povos Indígenas" essas "cidades orientais" continuarão a participar, assim como nos congressos indígenas ou em quaisquer outras atividades que digam respeito às etnias nativas. O que diferenciará essas pessoas dos demais indígenas é o fato de que são emancipados, cidadãos regulares do país.

O Brasil já tem um município regular, Tacuru ("Cupim"), no Mato Grosso do Sul, que tem o idioma guarani como língua oficial, ao lado do português. Em todo o município há a recomendação de que as duas línguas sejam ensinadas nas escolas. Tacuru poderá vir a ser a primeira "cidade oriental" no Brasil. O Paraguai, que tem o guarani como língua oficial do país, pode declarar "cidade oriental" um número muito grande de municípios. Muitos municípios da Bolívia e do Peru podem também de imediato ser declarados "cidades orientais", mas não se deve perder de vista que as atuais reservas é que devem estar na mira dessa política, em primeiro lugar. .

As "cidades orientais" não constituem política identitária, ao contrário do que algum desavisado possa vir a imaginar. Quem faz isso é a política de reservas de tutelados, que vem adiando, talvez pelos próximos milênios, a transformação dos nativos em cidadãos plenos.

Nas áreas municipais das "cidade orientais" não se deve abolir o conceito de propriedade comunitária das terras cultivado nas antigas reservas. A política mais auspiciosa será a de restaurar o sistema que os jesuítas criaram nas Missões: terra comunitária (*tupambaeh*) na maior parte do território e gleba familiar (*avambaeh*), como propriedade privada, em pequena extensão, para cada família que queira um local próprio de cultivo. É uma chácara de 9 hectares (equivalente a 300x300 m²), no máximo, que é uma área que um pai de família pode capinar. Na terra comunitária os habitantes das "cidades orientais" saberão praticar o desenvolvimento sustentável e a preservação ambiental, conforme sua tradição.

O progresso certamente visível dos cidadãos das "cidades orientais" levará as demais reservas a procurar as autoridades e propor adesão ao programa.

Entretanto, não alimentemos a crença de que haverá 30 Marcos Terena em cada sala de aula de nono ano. Haverá três em 30, como ocorre na China, na Índia, na Nigéria, na Itália ou no Canadá. É a proporção entre alunos heurísticos, 10% da turma, e o total, que é completado por 90% de alunos sensitivos. Aqueles primeiros são os que elaboram suas respostas nos exames, enquanto que estes 90% são os que decoram os conteúdos. Se os proibimos de decorar matéria, como vimos fazendo desde 1952, sua saída será copiar respostas dos heurísticos, se o sistema for relaxado, o que significa estrago brutal na educação da juventude. A política de impedir a *memorização* pura e simples é muito pior que a de exigi-la para todos, embora não se deva voltar a isso nunca mais, pois prejudicar os heurísticos dessa forma significa derrubar os baluartes da sociedade, tanto quanto com a prática do abandono da avaliação, ou do respeito ao mérito. Assim, os candidatos naturais ao posto de representantes de turma devem ser os três alunos, *maxime* quatro, de maior *desempenho* escolar na sala, atestado em suas notas bimestrais. A turma deve ser chamada a votar e optar entre esses nomes. Quem não ganhar em primeiro lugar ocupa as posições de primeiro-vice, segundo-vice, etc., de modo a garantir a continuidade de seu incentivo aos estudos. Sufragar os nomes dos mais bem-avaliados não é antidemocrático porque o sistema pressupõe mobilidade: um que está embaixo no ano presente poderá crescer e atingir o topo no ano seguinte, seja com "estalo de Vieira", seja com dedicação diferenciada aos estudos. O eleito poderá, assim, tanto ser um heurístico quanto um sensitivo. Na última série do ensino médio, abre-se a candidatura para todos os alunos da turma, pois já estarão acostumados a escolher os estudiosos. Vetam-se apenas os que estão repetindo de ano, que não representam a maioria.

O investimento, convém alertar, terá um ganho muito pequeno e muito lento se o ensino escolástico não for abandonado. No caso do Brasil, ele foi restabelecido em 1971, pelo regime militar, com a desvinculação entre a escola e o mundo do trabalho. Também o modelo político de eleição presidencial luís-bonapartista, adotado pelo México em 1857 e seguido hoje por toda a América Latina, precisa ser abandonado, a menos que se crie uma estrutura organizacional maior, porque ele destrói qualquer esforço pela qualidade da educação básica.

O ensino médio *profissionalizante* é a única configuração que faz sentido nesse nível de escolarização, e instituí-lo é muito fácil, bastando apenas coragem e entendimento para tomar a decisão. Todos os cursos de ensino médio que não sejam técnicos, e que hoje são a quase totalidade, passam a adotar a matriz curricular de *curso comercial.* Como? Uma nova disciplina, *Economia Contábil,* de duas aulas semanais, entra na grade de horários. No primeiro ano, o tema é Contabilidade. No segundo, Microeconomia (nunca Macroeconomia, que é assunto de pós-graduandos). Finalmente, no terceiro ano, Finanças. No caso do currículo brasileiro, troca-se Educação Artística do primeiro ano por essa nova matéria (ministrada por professores de Matemática, de Física, de Geografia ou outros), pois a ideia de Artes no primeiro ano do ensino médio veio para contemplar o ingresso da Música, do plano de Villa-Lobos, que abrangia quatro anos ginasiais mais um ano no ensino médio, tendo sido a matéria completamente abolida pelo regime militar. A Música deve voltar, mas não precisa ir até o ensino médio.

O investimento e a mudança de visão tornam-se ainda mais necessários se crescer a consciência de que há uma dívida histórica. Não é uma dívida pecuniária, como muitos defendem em relação aos descendentes de escravos, mas um contencioso, ainda adormecido, por causa do tratamento que os europeus e seus descendentes americanos dispensaram aos nativos, quando, por virem dotados de tecnologia mais avançada que a daqui julgaram-se seres superiores e, sob a concepção errônea do "indiano perdido", trataram como incapazes as tribos que encontraram no Novo Mundo. A dívida abrange os aspectos moral, intelectual e político.

Se o leitor, após ler este livro, passar a ver os ameríndios com olhar positivamente diferente, então o objetivo central de tê-lo escrito cumpriu-se.

@cacildo